KB218359

On the road of life like a roller coaster

롤러코스터 같은 인생길에서

초판 1쇄 2023년 12월 13일
지은이 구모영
펴낸이 이규종
펴낸곳 엘맨출판사
등록번호 제13-1562호(1985.10.29.)
등록된곳 서울시 마포구 토정로 222
한국출판콘텐츠센터 422-3

전화 (02) 323-4060, 6401-7004
팩스 (02) 323-6416
이메일 elman1985@hanmail.net
www.elman.kr

ISBN 978-89-5515-099-5 03230

롤러코스터 같은 인생길에서

On the road of life like a roller coaster

구모영 지음

프롤로그

누구나 그리움을 안고 살고 있겠지요. 저 역시 그리움을 안고 살고 있습니다. 그 그리움에는 여러 대상, 여러 이유가 있겠지만, 나에게는 그 무엇보다도 1년 전 우리 곁을 떠나 하늘의 별이 된 큰딸에 대한 그리움이 아마도 가장 큰 것 같습니다.

27년 전 어느 봄날, 영문도 모르는 병인 Lupus가 딸 아이에게 찾아와 입·퇴원을 반복하고, 그렇게 약을 먹으며 견디어 내어 온 시간이었는데, 이제는 더 이상 약이 필요 없게 되었습니다. 또한 병원도 갈 필요가 없게 되었습니다.

아직도 이 병에 대한 정확한 치료 방법이나 원인은 잘 알 수 없다지요. 말하자면 현대 의료기술이 많이도 발전했다는데, 지금도 그 한계가 있어서 이것을 희귀난치병稀貴難治病이라 명명하고 있더군요.

그동안 우리의 삶의 모든 스케줄은 온통 딸아이에 맞춰져 있었는데, 이제 이렇게 훌쩍 하늘로 이사 가고 나니 한동안은 온통 그리움에, 그리고 눈물 한 방울 마를 날이 없었습니다. 아마 세월이 약이겠지요.

햇볕 드는 어느 날 경주에서 롤러코스터를 타는 젊은이들을 보면서, 혼자 중얼중얼 그렸습니다. "얘들아, 롤러코스터 타는 것 신나지", "그런데 인생은 롤러코스터와 같단다."라고…. 그래서 이 책의 제목을 "롤러코스터Roller Coaster 같은 인생길에서"라고 정했습니다.

여기 조그마한 마음의 영창映窓을 통하여 "롤러코스터 같은 인생길에서" 맞이하는 삶과 자연, 그리고 저 하늘의 별이 된 큰딸의 1주기를 보내며, 그립고도 그리운, 보고 싶고도 보고 싶은, 아쉽고도 아쉬운 마음에 그동안 살아온 인생의 여정 속에 남아 있는 흔적들을 되돌아보려는 마음에서 쓴 초동목동樵童牧童의 글들입니다.

2023년 10월 10일 구모영

차례

1

인생이란 영창 너머로

인생이란?

인생이란 고해苦海에 일엽편주一葉片舟를 타고 항해하는 뱃사공,
광야廣野 길 폭양曝陽에 내맡겨진 나그네가 아니던가?

그 누가 말했던가? 인생은 아름다운 것이라고. 그런데 그 아름다움도 사실은 찬란한 슬픔이 감추어진 것이겠지.

고해를 항해航海하는 인생길,
생로병사生老病死, 인생길,
그 어느 누가 자신할 수 있을까?

만나는 인생에 힘들다는 말을 들을 때
"어디 나보다 더 힘들까?"
외길로 비껴나 있지는 않았는가?

고난은 각자 인생의 몫 만큼이기에
어디까지 그 아픔을 객관화할 수 없지만,
인생을 만나면 비교하지도 말고
그의 형편에서 최선의 위로를 하자.
나 아픈 만큼 그도 아프니까

아프냐?
함께 울어줄 수 있다면
아니, 어깨만 토닥여 줄 수 있다면
아니, 그냥 손만 잡아줄 수 있다면
아니면, 그냥 그 곁에 서 있을 수만 있다면

매일 이별하며 사는 인생

그렇게 긴 세월이라 생각했지만
어느덧 시간은 점점 더
인생의 종착점終着點을 향하여
내달리고 있는 것 같으니

인생은 긴 세월이 아니라 찰나刹那이며 순간,
우리는 그렇게 살고 있나 보다.

요즈음 문득문득 생각에 사로잡히니
철부지 첫사랑의 멀어짐도 아니고
또 다른 그 어떤 것도 아닌
그동안 함께 한 사람과
언제나 함께 살 수는 없다는 것

언젠가 그날은 올 것이고
그날에는 덩그러니 혼자가 되어 있을
남겨진 사람의 애달픔이
그렇게 오래고 긴 세월 뒤에 있을
이야기만은 아닐듯하여

오늘도 TV를 통해 듣는 슬픔,
이별 준비의 모습을 보면서
언젠가 우리에게도 오게 될 이별
잘 준비해야겠다는 생각이

그런데 말이다.
뭐 별것 있겠나? 준비란 게

하루하루를 살아가면서
매일 이별하듯이 애틋한 마음으로
그렇게 살아가는 것이
이별을 준비하는 최상의 방법인 것을

우리는, 지금도
매일 이별하며 살고 있구나.

인생은 롤러코스터인가?

롤러코스터에서 한껏 들뜬 청소년들이
공중에 대롱대롱 매달려 있다.
잠시 침묵이 흐른다.
그곳은 최 상반부 평평한 곳이다.
그런데 기계는 조금씩 앞으로 전진 하면서
젊은이들의 몸은 서서히 기울기 시작한다.

그 아래는 거의 수직의 낙하 레일이
이들을 기다리고 있다.
그리고 이내, 아래로 내리꽂힌다.
젊은이들은 비명을 지른다.
기계도 굉음을 낸다.

그러나 이것은 순간,
다시 침묵의 시간이 흘러간다.
그리고 이제는 꽈배기처럼 돌아간다.
젊은이들이 또 비명을 지른다.
이윽고 맨 아래로 내려왔다.
모두 조용해진다.

이 젊은이들은 이 순간 무엇을 느꼈을까?
찰나의 쓰릴, 짜릿함,
그 정도의 모험으로 끝냈을 수도 있다.

그러나 이 모습을 바라다보고 있는
나이 든 꼰대의 눈에는
"그래",
"너희들, 즐거운 시간 가져라."
"그리고 한 가지 깨달으면 좋겠다."
"인생은, 마치 롤러코스터와 같다는 것을"

그냥 웃자

여기저기 주변에 아픈 사람이 많다.
아프지 않고 살 수 있다면 좋으련만
그렇지 못한 것이 나약한 인생
그래서 항상 우리의 마음은
늘 긴장 속에 있나 보다.

만약 세상에 아픔이 없다면 어떨까?
아마 인간은 너무나 자만하고
자기 마음대로일 것 같다.

아픔이 있기에 그만큼
성숙해질 수 있겠지.
그래서 아픔도 때로는 훌륭한
인생의 교사라고 하는 것이겠지.

마음에 우울한 생각이 들기 시작하면
멈출 수가 없기에, 웃자.

억지로라도 웃는 것 좋단다.
우리 뇌는 엔도르핀을 내며,

더 감동의 동기를 만날 때는
비교 안 되는 다이돌핀이 나온단다.

그래 웃자.
그냥 웃자.
가끔은 슬픔이 엄습할 때
내 마음에 똬리를 틀지 못하도록
웃음으로 쫓아내자.

어차피 인생은 그런 것이기에

가끔은

가끔은 외롭다고 말해보라.
가끔은 힘들다고 말해보라.
아프다는 말도 사치로 여길 만큼 살아야겠나!

가끔은 가슴을 내놓고 울어보라.
가끔은 누군가 어깨에 기대어 울어나 보라.
아직도 울만큼 눈물이 메마른 것 아니잖니?

가끔은 깊은 밤, 잠 못 드는 날 있겠지.
가끔은 비둘기 소리도 슬프게 들릴 때가 있지.
그럴 땐 하늘을 바라보라

저 먼 하늘 반짝이는 뭇별들도 그랬지.
이제는 반짝이는 별이 되어
깊은 밤 서럽게 우는 비둘기 소리마저도
추억의 책갈피 속에 묻혔지만

내 별이 저 하늘에 반짝이기 전에
가끔은 그렇게, 또 그렇게 살아보자.
오늘도 나의 길을 걸어가자.

밤이 깊으면 깊을수록
별은 밤하늘에 더 빛나고
또한 찬란한 아침도 문 앞에 있으니

오늘이라는 여백餘白을

쉼 없이 달려온 세월을 뒤로 하고
또 펼쳐질 새날을 위해 심호흡한다.

한 장의 달력을 떼 넘기면 또 한 장의
빽빽이 그려진 숫자와 어김없이 만나듯
우리네 인생도 한 페이지를 떼 넘기면
또 새로운 한 페이지가 여백으로 다가온다.

해가 서산에 걸려 막 넘어가려는 찰나에도
그 빛을 다하여 여백을 메우듯이
우리네 인생도 마지막까지 메워야 할 여백을
아름답게 이야기로 채워가야 할 듯

그러기에 오늘, 이 하루도 어떤 이야기로
오늘이라는 여백을 메워야 할까?

인생길을 간다는 것,
비어 있는 시공時空을 잠시
메워보는 날갯짓일까?

잿빛 하늘, 가로등 빛바랜 날에
진한 커피 한 잔에 인생을 배웠던
인생의 뒤안길을 되돌아보며
가끔은 마냥 쓸쓸해지고 싶다.

변신變身한 추색秋色 속에

황금색으로 변신變身한
억새의 추색秋色을 따라
파아란 하늘 아래
바람개비 쉼 없이 돌아가는 오후
갑자기 카프카의 변신이 연상됨은 어찜인고?

아! 가엾은 그레고르 잠자여,
그대 곁에 있는 인생들
그대가 무존재無存在로 사라짐에
평안과 위로를
그것도 들려오는
교회의 종소리에 감사하면서…

아! 우리는 인생의 한계상황에
무엇을 듣고 있는가?

종소리가 주는 위안 속에,
처절한 삶의 고통을 견디는
내 주위의 존재에 둔감한
냉혈아冷血兒로 변신한 것은 아닌가?

헛꽃 같은 인생이라고

산수국은 참꽃과 헛꽃을 함께 지니고 있다.
밖의 화려한 큰 꽃은 사실 결실이 없는 헛꽃
속에 있는 참꽃이 너무 작아서 곤충 유인이
어렵기에 이런 모양을 한단다.

그리고 참꽃이 수정되고 나면 더 이상 수정
매개체인 곤충 유인 필요 없어 꽃잎은 돌아
땅을 향한다. 제 임무를 다했기에…

헛꽃 같은 인생이 마치 의미 없는 것 같은가?
아니다. 모든 인생엔 소명召命이라는 게 있다.
그 소명을 다하기까진 헛꽃도 헛꽃 아니다.

우암동으로 가는 기찻길에 서서

눈먼 늙은 소년이 아이스께끼(Ice-Cake) 통을 메고 오늘도 전포동 철길을 걷습니다. 지나가는 사람들을 향하여 "아이스께끼"라 고래고래 소리를 지릅니다.

가끔 지나던 사람 중에 단물을 먹고파 꼬깃꼬깃 주머니에 깊이 감추어 두었던 돈 하나를 펼쳐서 건넵니다.

늙은 소년은 무거운 아이스께끼 통을 철길에 내려놓고 나무 문을 열어 나무에 매단 얼음을 하나 집어줍니다. 그러고는 약간 웃음기를 띠고, 다시 기찻길을 걷습니다. "아이스께끼"라 소리를 지르면서

그런데 가끔 이 늙은 소년의 목소리도 이길 수 없는 때가 있습니다. 그것은 우암동으로 가는 석탄 때는 칙칙폭폭 증기기관차가 지날 때입니다.

증기기관차는 육중한 몸을 철로 위에 기댄 채 무거운 피스톤을 왕복하면서 하얀 증기와 시꺼먼 연기를 교대로 내면서 천천히 전포동을 빠져나갑니다. 꽥— 소리를 지르며, 철길에 내린 사람들에게 호통을 치면서 갑니다.

가끔 늙은 소년은 겨울밤이면 찹쌀떡과 메밀묵을 팔기도 합니다. 부전시장에서 미리 사들여 놓고 밝은 해가 서산으로 넘어가고 온통 하늘에 차가운 별들이 하나둘 나올 때 철길에 연한 가파른 계단을 올라 전포동 산비탈을 더듬거리며 또 소리를 지릅니다.

"찹쌀떡, 메밀묵 사려", "찹쌀떡, 메밀묵 사려"…

이 늙은 소년의 애절한 목소리가 점점 멀어질 때면 새벽이 옵니다. 새벽은 또 다른 소리가 들리기 시작합니다. 낙동강에서 잡은 재첩으로 재첩국을 끓여 양동이에 이고 비탈길을 올라온 아주머니의 소리입니다.

"재첩국 사이소", "재첩국 사이소"

동네 아주머니들은 그래도 조금 여유가 있는 집에서는 양푼을 들고 나가 재첩국을 삽니다. 아마도 아침, 이 국 한 그릇으로 아이들 학교 보내고, 남편이 지난밤 힘겨운 노동 현장의 고통을 한잔의 술로 달래느라 속이 쓰렸던 것을 해장하느라고…

아주머니의 "재첩국 사이소" 소리가 사라질 즈음에 또 소리가 들립니다. 이제는 요롱(손잡이 있는 종) 소리입니다. 두부 장수 아저씨가 큰 나무 양쪽으로 바구니를 달아 두부를 팔로 온 것입니다. 아 아저씨는 소리를 내지 않습니다. 그냥 요롱이라는 종을 울립니다. 지금에야 이런 종을 사용하여 핸드벨처럼 연주도 하지만,

과거의 종은 두부 장수의 상징이었습니다.

또 소리가 있습니다. 새벽이면 모두 물동이를 가지고 물을 받으러 갑니다. 공동수도에 가는 것입니다. 이것은 시에서 운영하는 수도입니다. 가정집마다 수도가 없는 곳이 많았기에, 공동 수돗가에서 시간이 되면 물을 줍니다. 이 시간에 나가지 않으면 물을 공급받을 수 없습니다. 그래서 너나 할 것 없이 양동이나 주전자를 들고 모여듭니다. 그러다 보면 사람들의 지껄이는 소리, 양동이 부딪히는 소리로 왁자지껄 한 소리가 나는 것입니다.

부산의 부산진구 전포동, 내가 살던 때는 전포동이라 하지 않고 "질포동"이라 부르기도 했습니다. 이곳은 유독 비포장 황톳길이 많아서 비만 오면 질퍽질퍽한 길을 오르내려야 합니다. 그래서 붙여진 이름입니다. 그러나 그때가 어쩌면 지금보다 사람 사는 냄새가 났을지 모르겠습니다. 이웃이 있고, 서로의 어려움을 보듬을 수 있었기 때문일는지요?

약간 잘 사는 집에는 TV가 있었습니다. 물론 지금처럼 HD, UHD가 아니라, 칼라가 아니라 흑백 TV였습니다. 우리는 남의 집 담벼락 너머로 기웃거리며 TV를 구경하곤 하였습니다. 유명한 김일 레슬링 시합이 있는 날이며, 난리가 납니다. 김기수 권투 시합이 있는 날이면 또 난리가 나지요. 김기수와 벤베누티와의 한판 대결(1969)을 참으로 신나게 보았던 것 같습니다.

전포동의 우암동으로 가는 철길에는 이와 같은 삶의 애환이 쓰려 있는 곳입니다. 최근 이곳을 가보았지만, 그 옛날 모습은 이미 자취를 감춘 지 오래여서, 이런 시간이 있었는지 아마 모르는 사람들이 많을 것입니다. 그러나 그때, 그곳에는 사람들이 살았습니다. 나도 그곳에서 자취했습니다.

우암동 가는 철길은 그렇기에 추억이 있는, 과거와 현재입니다. 칙칙폭폭 증기기관차가 달리던 그때가 엊그제 갔건만, 벌써 수십 년 전의 일이라 생각하니, 세월이 얼마나 빠르게 흘러갔는지 소름이 끼칠 지경입니다.

60대 말, 나의 전포동 방문기

60년대 말, 어린 나이에 부산으로 유학을 와 이곳저곳 전포동 비알의 허름한 집들을 수없이 바꿔가면서 생활했던 곳, 그래서 전포동은 나의 어린 시절과 떼려야 뗄 수 없는 곳이 되었다.

때로는 집에 비가 새어 옮기기도 하였고, 때로는 전기세며 변소세를 다소 황당하게 주인께서 내라고 해서 옮기기도 하였고, 그 외 여러 이유로 참 많이도 셋집을 전전했던 것 같다.

그런데도 전포동이라는 동네 밖으로 나가볼 생각을 하지 못했기에, 전포2동을 중심으로 멀리(?) 1동까지 옮겨가면서 지냈던 어린이 날의 추억을 간직하고 있는 곳, 그래서 언제나 한번 꼭 가보고 싶었는데 오늘 이곳을 작정하고 가보았다.

그런데 온통 아파트에 너무나 많이 바뀌어서 어리둥절하였다. 그런데도 이렇게 아파트 숲을 이루고 있는 이곳에, 내가 살았던 지역은 아직도 허름한 가옥들로 게토를 이루고 있었기에, 미로와 같은 좁은 골목길을 이리저리 돌면서 혹시 내가 살던 곳을 찾을 수 있을까 둘러보았다.

다행히 철길 위, 파란색 집이 한 채 있었으니, 아마 이곳이 자취가 시작된 그러니 전포동의 역사를 시작하는 초기의 셋집이었다. 조그마한 다락도 있고, 그러나 너무나 좁고 가파른 오르막을 올라야 하는 집….

전포동은 나 아내의 집도 있었는데, 오늘 아무리 찾아보았지만 없었다. 좀 더 세세하게 살펴보니 재개발이 되어 e-아파트로 변해있었기 때문이었다.

미로의 골목을 돌고 돌면서 등나무는 이쁜 꽃을 피우고 있었는데, 나뭇등걸을 보니 고목이었다. 얼마나 오랜 시간 그곳에 있었는지 가히 짐작되고도 남았다. 물론 소나무 한 그루 역시, 그런 의미를 담고 있었다.

수많은 사람의 이야기를 그는 분명 듣고 서 있었을 것이다. 지금은 그 이웃들이 뿔뿔이 흩어져 어디로 갔는지 잘 알 수 없지만, 그는 분명 그들의 이야기를 말없이 간직하고 있으리라 생각되었다.

무엇보다 전포교회 앞, 철길과 오르막에 눈이 갔다. 이 철길은 우암동으로 가는 증기기관차의 기찻길로 기차가 지나갈 때면 뿌연 수증기를 내뿜으며 요란스러운 기적 소리를 내곤 했는데, 아이들은 달려가 올라타기도 했다.

그리고 교회 앞 전포동 비알로 오르는 비탈길, 비가 오면 황토로 뒤덮여서 질포동이라는 악명을 낳았던 길, 나는 고향에서 보내

오는 쌀을 천일 또는 건영정기화물로 찾아올 때면 손수레 아저씨의 도움을 받아 끙끙대며 오르막을 올랐던 기억이 생생하다.

세월은 어언 50년 전의 이야기를 하고 있지만, 오늘 바라다본 전포동은 어제 일처럼 마음에 생생하게 그 시절을 내놓고 있는듯 하여 약간의 아련함과 그리움을 토해내기도 했던 것 같다.

동의공업고등학교를 지나 양정으로 내려오는 길에, 우리 부부가 신혼생활을 처음 시작한 초라한 이층집도 보았다. 그때나 지금이나 큰 변화는 없는 것 같으나, 세월은 그렇게 41년이라는 시간을 뒤로 하고 있으니, 쏜 화살과 같이 잡을 수도 없고 빠르기도 하다.

부전역에서 내려 성전초등학교와 북교회를 지나 동의중학으로 오르는 비알을 따라 신진공업사가 있었던 곳까지, 오르고 내리며 전포동이라는 추억의 장소를 엿보며 지난날을 회상하다, 언양집으로 돌아왔다.

2

삶이란 영창 너머로

달빛

영창映窓으로 가늘게 달빛이 스며든다.
지나는 구름이 심술을 부릴 때면
어두움이 다시 몰려오지만
달빛이 구름을 걷고 나면
또다시 그 빛이 내려, 내게로 온다.

나뭇가지에 걸린 달
그림자놀이 하듯이 창문에 들이고
간간이 구름 사이로 기러기 떼 지나니
하늘의 스펙터클을 보는 듯하여
작게 내어놓은 영창을 따라서
마음은 창공, 높이 달린 달을 따라
오늘도 구름 속으로 내어 달린다.

달 밝은 밤이면 별은 지고
달무리 만들어 낼 때
밤은 깊어져 가지만
내 마음은 아직도 초저녁인 듯

<자클린의 눈물>, 첼로 음악에

흐느끼는 것 같기도 하고
애원하는 것 같기도 하다가
때로는 소낙비처럼 쏟아지는 음들이
사람의 목소리를 가장 닮았다고들

Jaqueline Du Pre, Jaqueline's Tears
다발성 뇌척수 경화증이 그녀를 위협해
모든 삶의 여정이 송두리째 중단되었던 슬픈 날,
그녀의 남편은 그녀를 훌쩍 떠나버렸으니

첼로를 통하여 울려오는
음악의 울림이 설움과 서글픔을
폭포수처럼 토해내는 것 같아서

작곡자 Offenbach 그는 몰랐겠지만
첼리스트 Werner Thomas가 그녀를 생각하며
"자클린의 눈물"이라 명명하였으니
그녀의 전남편, 유명 피아니스트이며 지휘자
그는 이 음악에 어떤 감흥이 있을까?

<당신의 밤과 음악>사이

밤 10시가 되면 시그널 음악과 함께 시작되는 FM Radio 프로

저녁 늦게 강의를 끝내고 지친 몸 이끌고 차를 운전해 올 때면 아마 거의 매일 들었던 음악이 있었으니 Bill Douglas: Hymn, Bassoon곡

구슬픈 가락, 바순의 애잔한 소리가

나는 별로 New Age 음악을 좋아하지 않지만, 이 곡만은 바순의 소리가 어쩌면 이렇게 사람의 마음을 차분하게 만들까?

나의 경계를 너무 풀어버리는 음악 같기도

그때 그 시절

그때 그 시절은 그리운 시절이라 모두 노래를 한다. 유행가도 그런 노래 가사가 있다.

그때 그 시절은 왜 그리운 시절일까? 아마 그 시절로 우리 다시 돌아갈 수 있다면 이렇게 그리워하지는 않을 것이다.

그러나 아무리 발버둥 친다고 해도 그 누구도 그때 그 시절로는 돌아갈 수 없다. 이것이 진리다.

그때 그 시절은 행복했을까? 우리 추억을 되씹어 보면 가고 싶은 그리움이 가득한 시간처럼 느껴지겠지만 정작 그 시절에는 그렇게 사무치게 그리울 것이란 생각은 조금도 없었을 수가 있다.

그런데 요즘 들어 그때 그 시절로 돌아갈 수는 없지만, 그 시절처럼 살아볼 수는 있으리라 생각한다.

기다림이 지겹지 않았고, 만남이 언제나 즐거웠고, 헤어지기 싫어서 발버둥 쳤던, 그래서 함께 있고 싶음이 넘쳤던, 그 시절의 추억만 회상하는 것이 아니라 그렇게, 그런 마음으로 다시 살아보는 것이다.

내일도 그런 마음으로 집을 나설까 보다. 그리고 조용한 음식점에서 파도가 철썩이는 바다를 내려다보며 한 잔의 진한 커피를 앞에 두고 마주 보고 웃어볼까나. 그때 그 시절처럼

미니 등을 사들이며

IKEA 마트에서 예쁜 미니 등을 하나 사서
밤이면 촛불을 밝혀본다.

촛불을 바라보고 있노라면 온통 빛으로만 내게로 다가온다. 호롱불 세대이다 보니, 촛불에 대한 향수도 그만큼 있나 보다.

누구는 촛불이 혁명을 위한 것으로 보려 하지만, 나와는 거리가 먼 연상이며 나에게는 촛불은 그냥
향수에 젖을 수 있는 끝판왕임을

아하, 촛불을 보니
어릴 적 재미나게 읽었던 동화,
방정환 선생의 "양초 귀신" 생각이…

아직이 이미를 초월하고 있으니

1254xxx4
무슨 암호 같지만, 사나이 훈련
죽어도 잊지 못할 나의 분신호分身呼

황동규 시인의 시 전집詩全集을 읽던 중
그가 군번 하나 잊는데 30년이

나는 그 이상의 시간이 흘렀음에도
잊지 못하고 기억의 한 자리에 고이
남겨 두었으니, 34개월 긴 세월이

75년 4월 7일 진주에서 입영열차 타고
논산 훈련소 입소하여, 대기병에서
완자完字 장정壯丁으로 가는데도 한 달
입고 간 청바지 무릎은 다 헤어져
실올을 서로 묶어 입고 다녔으니
거지 중의 상거지가

이 옷을 버리지 못하고 고향으로
부모님은 다 헤어진 옷을 받아 들고

얼마나 눈물을 흘렸는지 모른다고

아카시 꽃이 필 때면,
논산 황토 벌의 75년의 5월의 훈련병,
무거운 M1 소총에 대검을 꽂았으니
나의 키보다 더 큰 총이 아니었든가

미군의 판초 우의를 입은 내 모습은
우장 바위를 연상하면 딱 맞을 정도
그럼에도 젊은 청춘의 훈병訓兵 시절
그때 받은 군번을 어찌 잊으리오.

서산에 걸린 해가 동녘이 그리워
땅거미 몰아내려는 미련함일까?
철이 지난 고향 집 장미꽃이 아름답다.
아직이 이미를 초월하고 있으니

오늘이 그때 그 시절인걸

철썩이는 파도, 갯바위에 부딪혀
하아얀 포말泡沫을 내뱉고
갈매기 끼룩끼룩 바람 놀이 하며
수평선 따라 구름 꽃 피어나는
바닷가 언덕 작은 카페에 앉아
아무 말 없이 그냥 그렇게
바라만 보아도 행복한 시절

기다려도 기다림이 좋고
만나면 할 말이 없어도
그냥 함께이기에 좋은
그 시절, 그때가 그립다.

아니야. 지금이 그 시절이며
오늘이 그때인 걸 잊었니!
오늘이 그냥, 행복한 날인걸

별에 스치는 서릿바람이 차갑다.

하얀 밤 지새우고 길을 나선다.
페이브먼트pavement 위에 낙엽이 뒹군다.

첫닭마저 잠든 새벽
바스락, 스르륵,
아련한 추억의 기억들만 바람에 흩날린다.

별에 스치는 서릿바람이 차갑다.

파도

철썩철썩 왔다가 간다.
갯바위를 넘어서 왔다가 간다.

그런데 갯바위는 여전히
검은색 그대로다.

파도는 하얀 포말만 만들고
이내 또 사라진다.

시월의 마지막 밤은

시월의 마지막 밤, 이렇게 지나간다. 그리고 또다시 계절이 찾아오고, 시월의 마지막 밤을 맞겠지만, 그러나 그 밤은 오늘의 밤은 결코 아니다.

그래서 우리는 노래를 부르나보다.
못다 한 사랑의 노래,
못다 한 그리움의 노래를
"뜻 모를 이야기만 남긴 채로…."
"사랑하기 때문에 보내었노라"라고

우리의 남은 감성은 이처럼 "못다 함"이 있기에 때로는 눈시울을 붉힐 수도 있고, 상념想念에 잠긴 날로 맞을 수 있겠지…!

그러고 보니 "못다 한" 그리움과 사랑은 참으로 소중한 것이 아닐 수 없다. 삶의 소중한 감성의 보고寶庫이며, 영원히 마르지 않는 샘이다.

이 밤 서쪽 하늘에 초승달이 걸렸다.
그리고 손톱만 안 우련함이 별빛 되어 내린다.

폭양에 나는 아직 미생未生이다.

그대 지금 폭양曝陽의 길을 걷고 있는가?
그래서 어디 조그만 그늘이라도 만나고파
이리저리 두리번거리는가?

그래, 그렇지. 우리는 모두
미친 듯이 내리쬐는 폭양 앞에서
한 모금의 시원한 물, 작은 그늘을 찾는 것
당연하리라. 누가 탓하랴?

그런데 이렇게 매서운 날에
폭양에 무릎 꿇고 기원하는 마음 있으니
자신의 안위가 아니라 그대의 안위를 위해,
그대의 평안을 위해서라고…

나도 누군가를 위해,
작렬하는 폭양에 무릎을 꿇을 수 있다면
얼마나 좋을까?

그런데 시원한 한 모금의 물부터,
작은 내 몸뚱어리 가릴 수 있는

그늘을 찾고 있으니
아, 아직 나는 미생未生인가보다.

젊은 날의 초상화

어느덧 세월은 훌쩍 흘러
머리카락은 백발이 되고,
젊은 날 그 시절 함께 재잘거리며
웃고 지냈던 친구들이 불현듯 떠오른다.

지금쯤 그들은 어디서 무엇을 하고 있을까?
어떻게 지낼까?
윤동주의 시구詩句처럼 패•경•옥
잔잔한 호수에 돌 하나 던지자, 파문이 일듯,
그렇게 스멀스멀 내 마음 깊은 곳에서
잠자던 추억의 물안개가 피어오른다.

젊은 날의 초상화,
훠이 훠이 내 마음에서
지우려 하면 할수록 더 또렷이
내 안에서 몽실몽실 피어나니,
아,
세월의 흐름만을 탓할 수 있으리오

그냥, 그렇게 살아

"어떻게 지내니?" 물음에 이렇게 답변을…. 이 경우 대부분 삶이 녹록하지 않을 때라고, 대충 그렇게 마지못해서 산다고 말할 때

그런데, 요즈음 나는 이 말을 참 좋아한다. 나에게 이 말은 소극적, 비관적 의미보다 오히려 적극적, 생산적인 의미로 사용한다.

더 가져야 하고, 무언가 더 나아져야 하기에 아등바등하는 것이 아니라, 주어진 시간과 삶에 순간순간 절감하며 감사하며, 여전히 그렇게 살아가려고….

"어떻게 지내니?", "그냥, 그렇게 살아",
"뭔, 그런 말 하니!",
"아니야", "이 말이 참 좋아"

"그냥", 그리고 "그렇게 살아", "감사하며"
"자연도, 사람도 '그냥' 바라보면 좋단다."
새벽에 주절주절….
이제 옷 입고 나가야지
"그냥", "그렇게",
"이 모습 이대로", "당신께"

3

자연이란 영창 너머로

봄이 오는 소리

사그락사그락
바스락바스락

통토凍土에서 들려오는 소리
봄의 전령 삼총사
변산바람꽃, 복수초, 노루귀
기지개 켜는 소리

봄비가 내린다.
흐릿한 꽃향기 싣고
살포시 창문을 두드린다.

창문 두드리는 소리에
잠에서 깨어보니
보이지 않는 인기척
또다시 잠이 들 즈음에
흐릿한 꽃향기 싣고서
살포시 창문을 두드리는 소리
아! 봄이었구나.
봄비, 창문 두드리는 소리

희미한 옛 추억 담고
실안개 타고서 오는구나.

봄 처녀, 봄비, 창문 두드리는 소리로

내 마음 사랫길에서

햇살 닿는 작은 언덕엔 양지꽃 기대어 피고
시냇가 풀숲에는 어릿광대춤을 춘다.

꿀벌들 윙윙 붕붕 꽃 찾아 날갯짓하고
포롱 포롱 참새들 떼 지어 노닌다.

기적 소리에 잠 깬 매화, 기지개 켜고
내 마음 사랫길에서 화들짝 봄을 맞는다.

오늘 봄 길을 걸으며

솔바람 솔솔 부는 길을 따라서
여기저기 꽃들이 손짓하는 대로
그냥 그렇게 걸었다.

가끔은 올라가는 산책길에서 못 본 꽃
내려오는 길에 다시 만나기도 하고
꽃 속에 숨겨진 옛이야기도 들으며
그냥 그렇게 길을 또 걸었다.

삼백예순날 이렇게 살 수는 없겠지만
그중에 오늘이라는 하루를 살면서
봄 길 따라 그냥 그렇게 걷는 것에
환희와 감사와 기쁨이 솟는다.

어쩌면 혼자가 아니라 둘이 함께
걸어가는 길이라 더 좋은지 모른다.
내일도 또 그렇게 걸을 수 있다면…

봄바람이 세차다.

봄은 이미 무르익을 정도로
우리의 곁으로 왔으나
연일 세찬 바람으로 인하여
봄을 잊을까 걱정이다.

창가에 스치는 바람이 사납다.
문틈으로 바람이 휘파람 소리를 낸다.
적막 속에 밤이 깊어 갈수록
바람 소리는 더 크게 들린다.

보내고 싶지 않은 봄,
그래서 봄을 멈춰보고 싶은 마음에
그렇게 심술을 부리듯 하는 게 아닌지

바람 소리가 더 높을수록
봄은 점점 멀어지고 있건만

오월 시작이 엊그제 같건만

많은 소리가 허공을 가르며
무한공간 너머로 사라졌지만,
진정 사라진 것이 아니라
아직도 맴돌고 있으니, 에너지는
불변이라는 법칙 때문일까?

남은 시간도 고운 말만 하고,
격려와 칭찬 속에 변하지 않는
사랑의 메아리를 남겨,
더 따뜻하고 감동이 넘치는
소리의 향연이 우리 가운데 넘쳤으면

그래서 부메랑이 역설이 아니라,
기다림과 감동을 주는
사랑의 큐피드cupid이기를….

오월 끝자락 아침에 주절주절….^^

장마와 modus vivendi

지루한 장마가 시작되었다. 연일 비가 내리고, 대기는 습기로, 하늘은 찌푸린 어두컴컴한 회백색이다.

장맛비는 내리면 산야山野의 나무들 목이 탈 리가 없다. 밖에 넘치는 물을 보면서, 집 안에 있는 식물도 물이 필요 없을 것으로 착각하는 시기가 바로 이때이다.

장마가 계속되면 물뿌리개를 들고 화초에 물을 주는 횟수가 현저히 줄어드는 것은 사람의 착각, 정작 식물은 물이 있어야 함에도, 우리네 자기중심의 우둔함 땜에, 집안 내 화초가 힘들어하는 시기를 맞을 수 있는 때가 장마철이다.

이런 모습은 우리네 삶에도 동일하게, 내가 편하고 즐거우면, 우리네 이웃이 헐벗고 어려움이 있어도 그 사실을 모른다. 마치 장마 때, 실내 식물이 물이 필요 없는 것처럼 착각하고 있는 것과 같은 이치로

매미의 애가哀歌

지난밤 손잡고 걸었던 골목길
부드럽고 따스한 온기가 아직
마음 한구석에 남아 있는데

뭉게구름이 눈앞에 솜털같이
하얗게 떠오르니 괜히 눈물 난다.
그리움에 또 그리움에, 그리움에

며칠간의 기회를
목이 터지라 노래하는 매미
바람은 그의 마음을 아는지 모르는지
가녀린 코스모스 가지만 흔들어 놓는다.

반구대, 아주 아주 그 옛날,
바위에 새겨놓은 흔적을 따라
여름 한 날 시원한 그늘에
난, 그리움의 뭉게구름 아래
매미의 애가哀歌를 듣는다.

오늘 못다 한 이야기들

코스모스 바람에 스치고,
오월 장미는
지금도 피고 지기를 계속한다.
때늦은 몇몇 연꽃은
그래도 멋스럽게 넓은 하늘 아래
들길을 서성이고 있다.

소나기가 내린다.
여름도 길 떠나길 아쉬워
늦장을 부리고 있나 보다.
입추立秋 가 지났는데…

가을의 서정抒情

낮은 무더운 여름철과 같지만,
그래도 밤에는 한기寒氣가 들 정도로
초가을의 정취를 느끼게 한다.

한낮의 무더움이 이슬이 되어,
함초롬 벼 이삭에 가을을 달고
귀뚜라미 노랫소리 깊어 가는 계절

찬란한 봄의 교향악도 즐거워했으며,
끓는 듯, 폭풍우 내리듯
요동치던 계절도 이제 지나가고,
아침 일찍 산허리를 감돌든 안개처럼
훽, 하니 사라지듯이
가을도 그렇게 내 곁을 떠나겠지.

그러나 아직은 가을의 초입인걸

가을 후의 들판

안개 자욱한 들판에 가을걷이는 끝나고
외로이 짚 동들만이 숨이 가쁘게
지나간 가을을 회상하고 있다.

이슬이 내린 들판에
띄엄띄엄 푸른 잡초들이
계절을 잊은 듯 솟아있고
염소들은 마지막 남은
푸른 풀을 뜯으러 들판을 헤맨다.

햇살이 동에서 눈부시게 비칠 때
영롱한 은구슬 알갱이들이
가을걷이 끝나고 남겨진
벼 그루터기에 올라앉았다.

안개 쌓였던 들판은
옛 추억을 생각나게 하는데
가을의 따가운 햇볕이
이마 위에서 빛나고 있다.
내 마음의 가을은 어디서 오는고!

꿈을 깨니 이미

실개천이 모여 작은 냇물이 되고,
다시 강이 되고,
그 강가에 유채꽃들이 흐드러지게 피어난 곳에
봄은 그렇게 또 그렇게 우리를 반긴다.

여기 봄자리에 서니,
나도 어느덧 봄이 되었나?
꿈을 깨니
이미 늦가을로 접어들었구나.

대자연의 섭리에 맞설 수 없지만
그래도 마음의 가을 좀 더 두고파
오후 잠시 경주 삼릉을 다녀왔다.

이미 가을 저만치 길 떠나고 있어
숨차게 달려간 이곳에, 잠시나마
숨 고를 수 있게 가을이 멈췄구나.

가을, 가는 길을 아쉬워하는 마음
나 혼자만은 아닌지, 경주의 악사,

심연의 대금 소리가 솔바람 사이
이리 저리로 춤을 춘다.

겨울과 페트라

황동규 시 전집 한 권 옆구리 꿰차고
무작정 집을 나섰다.

애마가 배가 고프다니 일단 요기를 하고
못안못池內里 한적한 곳에서 햇볕바라기 하며
어설픈 눈으로 여백 속 이야기를 만난다.

천 길 칭덤, 뻥대가 앞을 가로막고 있을 때
어쩔 수 없는 캄캄한 절망도 될 수 있지만,
요새가 되고 산성도 되니 페트라였으리.

바람이 차다.
애마는 지금 나에겐 뻥대며 페트라
아내는 그래도 산책길 나섰다.

못안못 둘레길을 혼자 돌고 있다.
가을 길 속에서 겨울을 맞으며

나뭇잎 꽃이 된 호젓한 산길에

어제도 바빴다.
오늘도 바쁠 것이다.

노트 한 권, 연필 한 자루
그리고 읽고 싶은 책 몇 권 배낭에 넣고
나뭇잎 꽃이 된 호젓한 산 깊은 골,

눈 시리도록 푸른 하늘 빼꼼 보이는
그런 곳에서 잠시나마 쉬고 싶다.

꽃 앞에서 든 생각

꽃은 우리를 항상 즐겁게 하나 보다.
꽃은 언제나 계속 함께 하고픈 마음을,

그 누군들 꽃을 싫어할 사람 있을까?
사람이 꽃보다 더 아름답다 했던가?

그렇다면 꽃 앞에 서 있을 때의 마음
그대로 같아야 할 텐데

그래, 내가 꽃을 좋아하듯이
그런 마음으로, 좋아하면 되겠지.

그때 사람이 꽃이 되고,
꽃이 친구가 되고 연인이 되고
또한 이웃이 되고 가족이 되겠지

어느 기차역, 출발시간을 기다리며

굽어진 소나무, 그 뒤로 폭포가 흘러내리고
그 앞으로 털머위꽃이 포즈를 취하고 있다.

과연 이 장면에서 누가 주인공일까?
소나무, 폭포 아니면 털머위꽃?

그래, 세상은 이처럼 주인공으로 살려고
아등바등 이지만, 조연助演이면 어떠리!

주인공을 더 아름답게 할 수 있다면,
이끼가 되어도 좋지 않을까?
"그는 흥해야 하고…."

수많은 사람 커피숍 앞을 스쳐 지나간다.
때로는 웃는 사람, 심각한 표정 짓는 사람…
이들은 어떤 역할을 하고 있을까? 지금…

우리, 주연이 아닌 조연이면 어떠리

소나무 예찬

솔아 솔아 푸른 솔아
독야청청獨也靑靑 하여라.
이런 노래가 있듯이
솔은 언제나 푸른 모습을 유지하고 있다.

물론 남몰래 새잎으로 갈아입는 여정
그 역시 가지고 있지만, 우리는 솔을
볼 때마다 언제나 푸르다고 말한다.

오늘 다시 삼릉三稜을 와서 본 솔, 소나무
마치 친구들과 함께 써서 샤샤
움직이면 잡을 수 있는 놀이를 하듯이
솔은 서로서로 기대며 서로 부대끼며
그렇게 서 있다.

오랜 시간, 어쩌면 나로서는 알 수 없는
그때부터 그곳이 있었을 것이다.

그리고 나보다는 훨씬 많은 이야기를
듣고 있었을 것이다. 그러나 말없이…

얼마나 기다렸을까?

개구리 엄마가 알을 낳고 오랜 시간,
이제 다리가 나오고 꼬리가 짧아지고,
이렇게 어엿한 새끼 청개구리로 자랐다.

옥수수 이파리에 동기同氣들 모여
자그만, 그리고 까만 왕눈을 굴린다.

비가 오면 어쩌나 걱정하는가?
어디로 가야 할지 걱정하는가?
누가 이렇게 이쁜 청개구리에게
말 안 듣는 대명사로 누명을 씌웠나?

비 오는 날이면 개구리 왕눈이,
연못가에 나와 있을 것만 같아서
여기저기 기웃거려 보았지만, 여전히

개굴개굴 개굴아, 이쁜 청개굴아
수련 잎 우산 들고, 내게로 오려무나.
난, 네가 어디선가 나올 것만 같아서,
오랜 시간 기다리고 있단다. 개굴아

개미의 이동

장마철에 산책하다 보면 종종 아주 작은 개미 떼들이 어디론가 이사를 하느라 대군사가 일렬로 이동한 것을 종종 목격한다.

물론 개미들은 앞 개미가 남겨놓은 냄새를 따라 이동하고 있지만, 그럼에도 누군가 Leader는 보이지 않음에도 쉼 없이 길을 가는 모습에 경이롭다.

특히 이런 모습은 비가 온다고 예보된 장마철에 쉽게 볼 수 있는 광경이라서 경이롭기도 하다.

개미들이 위성을 띄워서 일기예보를 터득하는 것도 아님에도, 사람들보다 자연적 본능에 충실하면서도 정확한 움직임을 보인다는 점이 놀랍다.

그뿐만 아니다.
길에서 만나는 개미는 절대로 멈춰 서있는 모습을 발견할 수 없다. 어디론가 가거나 아니면 무엇인가 물고, 옮기고 있는 장면만이 포착된다.

그래서 게으른 자에게 개미에게 가서 그 지혜를 배우라고 성경에도 씌어져 있다.

베짱이는 나뭇잎에 앉아서 Violin을 켜면서 노래하고 있는 모습을 그리지만 개미는 결코 베짱이와 같은 모습을 그리지 않는 게, 다 이런 이유이겠지.

놀라운 자연의 섭리임을, 그리고 개미의 지혜知慧와 군집群集 생활의 질서를 배우면서, 우리 인간이 이런 미물보다도 더 못한 모습에, 가끔 말문이 막힌다.

민들레꽃

길가 아무 곳이나 그곳에는 꽃들이 있다.
노란색 흰색의 꽃들이
때로는 땅에 바짝 엎드리기도 하고
때로는 제법 의젓한 몸짓으로
허리를 펴고 서 있기도 하다.

이렇게 민들레를 여러 곳에서 볼 수 있는 것은
아마도 홀씨가 쉽게 다른 곳으로
이동할 수 있는 낙하산 때문일까?

바람이 불면 민들레 홀씨는 훨훨
동기들 뒤로 하고 하늘로 올랐다
어딘가 정처 없이 떠돌다 내려앉으면
그곳이 또한 제2의 고향이 된다.

어쩌면 우리도 그렇게 훨훨 날아
또 한 곳에 우거寓居하는지도….

노루귀

이른 봄이 시작되는 산으로 간다. 노루귀라는 동토凍土를 뚫고 올라온 여리디여린 줄기 위에 앙증맞은 하양 꽃, 보라색 꽃, 붉은 꽃을 단 봄의 전령사를 만나기 위해서다.

가녀린 줄기 위에 꽃의 세계가 있다. 가운데 암술을, 그리고 가로는 수술을 즐비하게 방사형으로 붙어있고 꼭대기에는 마치 꿀을 달은 듯이 은방울 모양의 구슬이 달린 꽃

태양을 향해 바라다보면, 더 신비스러운 꽃이다.

노루귀 꽃자리에 드디어 잎이 올라온다.
노루의 귀 모양, 이파리를 달고서
그래서 노루귀인가?

복수초

노란 꽃이 올라온다.
눈을 뚫고서 올라온 꽃
마치 등불을 밝혀둔 것처럼
영롱한 봄맞이꽃이다.

뭇사람들은 봄의 시작을
복수초, 너로부터라 말하기도 하니
과연 너는 봄의 전령사傳令使여라.

변산바람꽃

왜 변산이라는 지명이 붙었을까?
바람을 맞으며 피는 꽃이라
바람꽃이라 하는 것일까?

꿩의바람꽃도 나도바람꽃도 있으니
차가운 봄바람도 이렇게
바람꽃을 피워내는 따뜻함이 있구나.

바람 불어도 좋다.
바람꽃만 피워다오.

패랭이꽃

패랭이, 꽃의 모양이 패랭이를
닮아서 그랬을까?
남루한 상놈의 모자 모양을
빗대어 지은 이름일까?

그러나 자세히 보면
패랭이꽃은 우리가 귀하게 보고 있는
카네이션과 닮았으니,
그렇게 슬픈 이름이 아니라
엄마 가슴에 달아드릴
어버이날의 꽃이 아닐까?

술패랭이는 어찌 잎들이 그렇게
많이도 갈라져 있는가?
패랭이의 슬픔을 말하려는 것인가?

패랭이꽃, 술패랭이꽃 그리고 카네이션
그렇게 우리의 생각은 이어지고 있으니,
그 이름이 어떠하던
사랑스러울 수밖에 없구나!

매발톱꽃

길거리를 걷다가 우연히 보도블록 옆에
매발톱꽃이 피어있는 것을 보았다.

아무도 꽃처럼 대하지 않는
마치 흔하디흔한 민들레 정도로
눈길조차 주지 않았나 보다.

요즈음 매발톱꽃을 좋아하게 되었다.
꽃잎이 매우 매 발톱처럼 날카로움이 있어
그렇게 붙인 이름인지 모르나
늦은 봄, 파랑, 보라 다양한 색의 꽃이

그냥, 지나는 사람들의 발에 밟힐 수도 있지만,
김춘수 시인의 시구詩句 처럼
"이름을 불러주니, 꽃이 내게로 오는" 것
아니겠는가? 매발톱꽃이여!

우리 들꽃, 주름잎 꽃

우리 들꽃은 참으로 앙증맞다.
그런데 자세히 들여다보면 이쁘다.

고향 집 마당 한쪽에 아주 작은 꽃이,
이름을 확인했더니 주름잎 꽃

누가 살펴보지 않아도,
관심을 두지 않아도 홀로 피었다.
우리는 늘 주목받고 싶어 하고,
관심을 기울여 주길 원하지만…

그래, 너 작은 꽃이 더 의젓하다.
우리보다 더욱 훨씬 낫다.

해바라기 연가

연신, 폭우가 쏟아질 것만 같은
두꺼운 비구름 아래,

엷은 햇살
구름 비집고 내리자,

해바라기
그 빛 따라
방긋 웃음 짓는다.

능소화 연정

아직도 그리움 떨쳐버리지 못해,
돌담에 기대어 긴 목 빼고 돋움 발로
동구 밖을 돌아서 올 것만 같은
그 임을 기다리는 소화宵花를 본다.

머언-먼 그날에도 그랬듯이
오늘, 또 내일도 그리움은 남아서
들판을 지나 저녁연기로 모락모락
가없는 하늘로 사무쳐 오른다.

아직도 그리움이 남아서

4

그때 그곳의 영창 너머로

영남알프스

가지산 높은 봉우리 우뚝 솟아있고
천황산, 신불산이 함께 늘어선 산맥에
낙동정맥洛東正脈의 기개氣槪가 드높아 보인다.

봄이면 진달래, 철쭉들이 산길을 메우고,
여름이면 푸르름이 싱그러워
젊음이 용솟음치는 곳
가을이면 공룡능선에 뭇 단풍으로 채우며
겨울이면 상고대(霜花)와 백설을
머리에 이고 있는 광경을…

여기 젊음이 있고, 여기 역사가 있으며,
여기 인걸人傑이 있으니
영남알프스 기상氣像은 하늘을 찌른다.

억새의 노래를 들으러 갈까?
속세를 뒤로한 수도승의 목탁 소리 들을까?
솔나리 하늘하늘 춤추며,
수정초와 물매화가 아름다운 곳,
영남알프스여라.

운문사 솔바람 길에서

녹음이 짙어 이제 거의 정체된 산야의
넘치는 젊음을 보며
조금씩 연약해지는 모습과는
대조되는 장면이 오버랩 된다.

잔잔한 솔바람은 마음속까지 스며
시름시름 계절 앓이를 하는지
자꾸만 그곳에서 서 있고 싶은 마음

뭇사람들이 뭇 소원을 등에 달고
하늘을 향하고 누각樓閣의 종을 향하고
부처를 향하고 있지만
참 부처는 무엇이며,
누구를 위한 것일까?

오늘도 인간 군상群像 속에 깊이 새겨진
애욕 덩어리를 조금이나마 솔바람에
보내었는지 자못 궁금하다.

태종대 영도등대 방향 표시

태종대 둘레길에 영도등대가 있다.
그리고 방향을 표시하는 조형물
날카로운 침 끝 하늘을 향해
내 달리고 있는 모습을 볼 수 있다.

가끔 이곳을 들릴 때면 반드시
카메라의 앵글에 맞추기도 하는데
오늘도 동일하게 그렇게 했다.

그러면서 든 생각은
오늘처럼 방향을 잃어가는 세대에
방향을 바로잡고 살아야 할
온전한 길이 있음을

그럼에도 종종 잊고 있는 삶의 방향을
다시금 새롭게 하는 계기가
이 방향 표시물을 통해서 확인케 됨을

길은 여기에

그 언제부터인지 모르나 풀밭에 길이 났습니다. 길은 일직선이 아니고 이리저리로 돕니다.

이곳은 태화강 대공원이기에, 굳이 일직선의 길을 만들 이유가 없었겠죠.

여기저기 풀숲을 기웃거리며, 혹시라도 숨겨진 보물이라도 있을지 목을 길게 빼고 걸어가는 사람들이 많을 거로 생각해 봅니다. 내가 그랬던 것처럼 말입니다.

어제는 이 길을 걸으며 바늘꽃, 노랑 금계국도 만났거든요. 그래요. 때로는 쉼이 있는 공간, 한 템포 늦은 달팽이나 거북이걸음도 필요하리라 봅니다. 깡충깡충, 토끼가 아니더라도….

첨성대에서

그때는 그랬지.
하늘의 별을 보기 위하여
우리는 높은 망대를 만들듯
하늘대臺를 쌓았지.

뭇별들이 하늘에 총총, 반짝일 때면
우리는 어느덧 하늘로 올랐지.

돛대도 삿대도 없는 하얀 쪽배를 타고
은하수 강 따라 뭇별들과 놀았지.

오늘도, 저 푸른 해원海原에
별 하나 내걸고
무서리 맞으며 별 헤는 밤 되었다.

폭양에도 우리는 걸었다.

폭염주의보가 SNS로 전달되었다.
경주 동남산 오를 때, 땀도 심하게 났다.
그러나 우리 부부는 우리 아지트 올랐다.

바람이 분다.
시원한 바람이 용장골에서 올라온다.
삼릉의 솔바람도 올라온다.
그래서 우린 오를 때 땀도 흘리지만,
이곳 아지트에 닿으면 호사를 누린다.

그래서 산을 오른다.
경주 동남산이 좋다.
매양 우리 친구처럼 정겹다.
오늘도 친구와 교감하며 즐거웠다.

간간이 이쁜 꽃도 보았다.
또한 습지에서 버섯도 만났다.
아내와 함께하고, 좋은 산이 있고,
꽃들이 반기고 있어 좋다.
아스라이 먼먼 산, 그릴 수 있어,
또 좋다.

가을은 깊어져 가고

산에는 홍엽紅葉이 불길을 이루고
마을 감나무엔 감들이 익는다.

가끔 내리는 서리도 이겨내고
오월의 장미가 철없이 더 붉다.

계절의 순환은 약속되었지만
그 길에 선 우린 순환이란 없다.

그렇기에 우린 깊어져 가는 가을 길
마음 둘 곳 찾아 서성이나 보다.

가을, 그리움의 눈물 한 방울

아내와 경주 가을 나들이를 갔다.
바람도 쐴 겸 가을의 깊이를 느끼며
통일전, 서출지를 돌아 보문호반 길,
그리고 보문정을 돌아보고 집으로

가을은 벌써 깊숙이 우리 곁으로
낙엽은 페이브먼트Pavement를 덮고 있고
가을 소리, 사그락사그락 그 속에

쑥스럽지만, 나무들은 하나둘
옷을 벗고, 또 한 계절을 맞으려,
그래야만 또다시 연초록 향연을
기대할 수 있기 때문이겠지.

그런데 가을은 이다지도 우리에게
찬란한 슬픔의 계절이 되었는지
자꾸만 뒤 돌아보게 되는 것은
그리움의 눈물 한 방울 때문일까?

가을은 사랑이다.

바람이 분다.
잎이 떨어진다.
가을이 이리저리 뒹군다.
차가운 페이브먼트 위로

그러나 가을은 사랑이다.

어제는
손자들이 심어놓은 꽃밭에
할아버지 사랑을 더해
예쁜 가을 색 감나무 잎으로 장식을

가을은 이렇게 온통 붉은색으로
사랑의 깊이, 넓이, 높이, 길이를
고향 집 한켠의 장미와 함께

깊은 밤, 새벽을 기다리며

깊은 밤, 나는 혼자 깨어 있습니다.
누가 깨우지도 않았는데 일어났습니다

쇼팽의 야상곡이 잔잔히 마음을 만집니다.
그냥 시집 한 권 책꽂이에서 빼 듭니다.
그리고 세월을 읽습니다.
지난至難한 삶의 여정을 따라갑니다

이내, 나도 시인이 된 양
몇 자 여백을 메웁니다.
시인이 삶을 그려낸 것처럼
그렇게, 새벽을 기다리며

설악에 빠져버린 어느 날을 회상하며

설악 가을 계곡, 이렇게 아름다운 모습에
그냥 멍하니 쳐다보고 있었던 기억이….

청록색, 비취색, 옥색 아님, 에메랄드일까?
보면 볼수록 알 수 없는 끌림에 흠뻑 젖어
오매, 나도 설악에 빠져버렸던 날이었다.

가을도 지나고 겨울 한복판에 서 있지만
머지않아 봄노래가 여기저기서 들릴 듯

얼어붙은 동토凍土 아래, 봄맞이 기지개 켜는
소리가 조금씩 들려오는 것만 같다.
복수초, 노루귀, 변산 바람꽃들의 노래가

해운대 폐선로의 미학美學

평행선平行線, 언제나 맞닿을 수 없는 선
때로는 그리움이 되기도 하고
때로는 나란히 선 모습, 정겹기도 하다.

평행선, 언제나 맞닿을 수 없는 선
그래서 때로는 앙숙怏宿이 되기도 하고
때로는 영원한 라이벌이 되기도 한다.

끝이 없는 곳에서 우리는 서로 부대끼며
사랑하기도 하고,
질시嫉視와 반목反目도 하지만
그것은 우리 마음먹기에 따라 다른 것….

평행선 끝자락, 한 줄 빛줄기
어둠의 통로가 밝아온다.
평행선이 터널을 지나며 변했다.

간절곶 우체통을 보면서

요즈음은 우체통을 보기가 쉽지 않다.
우체통은 언제나 소식을 먹고 살기에
오래전 아내와 연애 시절엔 괜히 기웃

방학 때이면, 우체부 아저씨가 오는 시간,
사립문 밖에서 종종 목을 빼고
기다리기도 했던 기억이….

어제 아내와 간절곶 바람 쐬러 갔다가
덩그러니 서 있는 이 우체통을 보면서
과거 추억을 회상하는 시간이….

간절곶, 다섯 여인의 걸음이

다섯 여인들이 나란히 걸어간다. 푸른 바다를 배경으로 걸어간다. 이 사실을 모른 채 나는 사진을 찍었는데, 그 사진 속에 나온 풍경이

그런데 자세히 보니 맨 마지막 여인은 지팡이를 짚고 걷고 있다. 그들 일행은 마지막 우정을 위해 걸음을 멈추기도 하며 뒤돌아보기도 하며 친구와 보조를 맞춘다.

그 옛날, 여고 시절 이들 모두는 재잘재잘하며 앞서거니 뒤서거니 운동장, 동구 밖, 뒷산을 오르내리며 그렇게 우정을 쌓아 갔을지 모를 일이다.

그리고 어쩌면 맨 마지막 지팡이 여인이 날쌘돌이 여학생이었을지 모를 일이다.

그런데 지금 원하지 않는 뇌경색의 아픔을 딛고, 이렇게 지팡이 의지해 그 옛날 우정을 함께 하며, 오늘 바닷가를 걷고 있는 것 같다. 친구들이 아름답고, 우정이 아름답고, 인생의 끝 날까지 함께 걸어가겠노라. 오늘도 그렇게 함께 길을 걷나 보다.

날쌘 토끼가 아니라, 하염없이 느린 달팽이가 되어, 그렇게 길을 가더라도, 인생의 마지막 장을 장식하려 그렇게 조급하지도 서두르지도 다그치지도 않고, 함께 가는 그들 다섯 여인의 걸음이 아름다웠다.

겨울 바다-간절곶에서

갈매기 바람에 이리저리 기웃거리고
파도는 쉼 없이 왔다 가기를 반복하는
겨울 바다는 조금은 황량하기도 하다.

해야 해야 나오너라,
아이들 노랫소리 들리는 듯하건만
장구치고 나올 생각 조금도 없는지,
마냥 구름 속에 숨었다.

항구마저 얼어붙었는지, 조용하기만
간간이 엷은 햇살 바다로 내려보내며
살아 있음을, 기척만 보이고 있구나.

통도사 무풍한송舞風寒松 길의 가을비 속에

소나무도 가을을 타나 보다.
청청 푸른 소나무도 낙엽을 지운다.
독야청청獨也靑靑 하기 위해 남몰래 낙엽을

아내 오랜만에 부산 동료들 만나러
혼자 내려가려, 난 가을 솔 송 길을….

이어폰 너머로 들려오는 오펜바흐의
"클라라의 눈물", 첼로의 울부짖음이
오늘따라 더 애절하다.

가을이 가고 있나 보다.
비가 오려나. 먹구름이 몰려온다.

상처 난 곳에 마치 소금을 뿌리듯
이 가을의 끝자락에 서 있으니
왠지 모르게 마음이 쓰리고 아프다.

폭포수와 같이 비가 내린다.
사람들, 빗속으로 길을 재촉한다.

천둥이 친다.
나뭇잎들 우수수, 가을이 떨어진다.

바다가 보이는 작은 집에서

바다가 보이는 음식점에서
그리 요란한 미사여구 말의 성찬,
말 없음에도 어색해하지도 않는

그냥 그 자리에 조용히 앉아서
철썩이는 바다, 파도의 포말泡沫
부서지는 갯바위를 보면서
그럼에도 시간이 가는 줄 모르고
망부석望夫石이 마냥 멈춰있다.

갈매기 바람 따라 이리저리로 날고
구름 수평선을 따라서
모였다 흩어졌다가 그림을 그리며
간간이 수평선 넘어 아련히 보이는
배는 이내 큰 모습을 드러내기도

이렇게 바닷가 작은 집에서는
하루해가 지고 있다.

몽돌의 바다

얼마나 긴 시간 동안
파도가 덮쳤을까?
각지고 모난 부분은
파도에 휩쓸리고 구르며
깎이고 부서져,
몽돌이 되었을까?

몽돌의 삶이나
우리네 삶이나
그 모습이 다를 바 없으니
우리도 온갖 풍상風霜을 견디며
깎이고 부서지며
조금씩 조금씩
몽돌이 되어가고 있을까?

몽돌의 바다에 몽돌은
이미 몽돌이 되었건만
아직 우린 몽돌의 모습이 아닌 것 같아
얼마나 더 시간이 필요할지….

해녀의 숨비소리

대왕암 해파랑길엔
수많은 사람이 오고 간다.
그런데 몽돌의 바다 부근
까만 부표浮標를 머리에 이고
물속으로 들어갔다 나오기를
수없이 반복하는 세월이 늙은
해녀들의 가쁜 숨소리
숨비소리가 여기저기서 들린다.

파도가 밀려와도 바람이 불어도
아랑곳하지 않고
큰 숨 한 번 들이쉬고
이내 까만 물갈퀴만 공중에
매달아 놓은 채
물속으로 빠져든다.
그리고 조금 뒤 숨비소리

이렇게 한나절이 훅 지나간다.

강태공의 하루

갯바위에 섰다.
그리고 넘실거리는 파도를 넘어
유혹誘惑의 줄을 내렸다.

시간이 흐른다.
찌도 파도를 따라 넘실댄다.
세월을 낚으러 온 것인지
연신 바다를 보면서 기다리지만
찌는 파도를 따라 춤을 출 뿐

유혹에 넘어가는 고기가 없다.
시간은 지나간다.
세월이 흐른다.

강태공은 고기를 잡는 것이 아니라
세월을 잡고, 시간을 낚고 있다.
갯바위는 이내 밀물에 잠긴다.

5

그리움이란 영창 너머로

별, 사라져 버린 밤

저녁노을이 사라진 강가에 서면
은하수 아래로 별들이 쏟아진다.

밤 깊을수록 별은 더 반짝였는데

차디찬 가로등만 우두커니 서서
별, 사라진 밤 못내 아쉬워하며
찬 서리에 온몸을 떨고 있다.

고향故鄕 1

파아란 하늘 흰 구름 두둥실 떠가고
실개천 따라 송사리 떼 지어 노닐며
뒷동산 숲속 뻐꾸기 해 길다 노래할 때
고향의 서정 가슴 속 깊숙이 요동친다.

소나기 따라 일곱 색 무지개 걸리고
앞산의 나뭇잎 푸름, 냇물에 내리며
뒷동산 반구 구구구 지지배 짖을 때
고향의 푸른 언덕에 꿈꾸던 시절로

뒷동산 올라 조용히 귀담아듣는다.
머나먼 기적 소리가 꿈들을 만들고
새끼 염소 엄마 따라서 아장아장 걷는
그곳은 나의 고향, 그리운 그곳

심심산곡의 내 고향

금방이라도 길이 끊어질 것 같은
구불구불한 산길 굽이쳐지나면
생각지 못한 작은 마을이 눈앞에

파릇한 새싹 이른 봄맞이 향연에
신록의 햇살 파란 나뭇잎 적실 때
작은 실개천 하늘 머리에 날리고
뭉게구름 양 떼 몰고서 떠나는

작은 개울가 여린 가지에 꽃송이
송사리 떼들 서로 앞다퉈 노닐고
뒷동산 숲에 느긋, 뻐꾸기 노래하는
심심산곡의 내 고향 전경이 그립다.

고향故鄕 2

졸졸졸 흐르는 시냇물 소리
멀리서 들려오는 송아지 울음소리
아이들이 동무들 부르는 소리
툇마루 밑에서 들려오는 귀뚜라미 소리
겨울밤에 우는 부엉이 소리
이산에서 저 산으로 날아가는 꿩 소리

잔디 위에 모락모락 피어나는 아지랑이
아침 동네에서 피어오르는 연기
비 온 후에 피어나는 앞산의 안개
저녁 지는 해에 붉게 물든 노을

구불구불 굽어 있는 시골 차길
다닥다닥 붙어있는 논

하늘하늘 바람에 나부끼는 코스모스
찔레나무 사이로 비집고 나와
피어있는 들국화
오월 말 풋풋한 풀 내음과 함께
피어있는 보리

하아얀 홀씨 날리는 길가의 민들레
이것 모두 고향의 정겨운 풍경이다.

고향故鄕 3

풀잎에 맺힌 영롱한 아침이슬도
칠흑 같은 밤, 한 줄기 빛으로 다가온 반딧불이도
저녁 막차가 어두움 뚫고 산모롱이 돌아
앞산까지 빛으로 다가오는 것도
저녁연기 모락모락 초가지붕 위로 흩어지는 모습도

은하수 강 사이로 달무리 지나가는 것도
먼 데서 닭 우는 소리, 개 짖는 소리,
송아지 엄마 찾아 우는 소리도

여름날 뻐꾸기 철 지나간다며
뻐꾹뻐꾹 울어 외는 소리도
장끼가 화들짝 놀라
푸드덕 날개 치며 비명을 지르는 소리도
고향의 소리, 아름다운 것들

고향 회상回想

무지개 잡으려 뒷동산 단숨에 오르고
은하수 강 따라 견우와 직녀를 그리며
저 멀리 산 너머 희미한 기적소리 들으며
다가올 미래를 설렘으로 마음 졸였던
어린 날 그 시절 쏜 화살처럼 더 멀다.

어느덧 햇살은 연붉은색으로 기울고
저녁별 초승달 서쪽에 아련히 걸리고
산새들 지친 몸 깊은 밤 쉼 찾아 들 때
저문강 은하수 아래서 추억의 실타래
백설을 인 노송은 그리움에 그리움에 운다.

호롱불

호롱불 심지 돋우고
책장을 침 발라 넘기던 시절
그을음에 어느덧 콧구멍
시커멓게 변했어도
옹기종기 모여 이야기꽃 피우며
밀렸던 숙제할 수 있게
빛을 만들어 냈던 존재

이제 전깃불로 이 추억은 사라졌지만
호롱불 밝히는 호롱을 볼 때면
잊었던 추억의 책장을 넘기는 듯하여
괜스레 그리움의 파도가
물밀듯이 밀려오는구나!

저문강 가에 앉아

서쪽 하늘 저녁별 얼굴 내밀고
초승달 은하수가 건널 즈음
저문 강가 아버지 흙먼지 떨고
하루의 고단함을 씻어내신다.

나 이제 그 저문강 가에 앉아
별빛 내리는 하늘 보며
그리움에 별 헤는 밤 깊어만 간다.

아버지 산소에서 1

아침은 매서운 한파가 몸을 움츠리게 하더니
지금, 이 시각은 따스한 봄날만 같다.

40여 분 산을 올라 아버지 산소에서
아버지의 따스함을 느끼게 되니,
이 또한 봄날을….

고라니의 끝없는 먹이질에
몸살을 앓던 동백
몇 곱절 키 키우고 나니
모든 것이 지나간 추억
간간이 찾아와 주둥이질하는
멧돼지 막으려 산소 부근 길 막아보건만,

아버지께선 "아서라",
"고라니와 멧돼지가 나의 친구인걸…."
그러시는 것만 같아,
뜸했던 발길이 죄송함도….

떨어지지 않는 발걸음 뒤로 하고

내려오는 길에,

고향의 산하山河를 조망眺望하며
개구쟁이 시절의 추억도 되뇌며
그렇게, 혼자 걸었다.

아버지 산소에서 2

아침, 엄마 주간보호센터 가시고 우린 집안 여러 정리할 것 정리하고 아버지 계시는 뒷산을 올랐다.

우리 마을 산소 중에는 가장 높은 곳에 있어, 미래가 걱정이기는 하지만, 그래도 올라가 앞산을 바라다보면 풍광 하나는 참 멋진 곳이다.

25년 전 아버지 산소 한쪽에 심었던 동백나무는, 고라니의 먹이활동으로 어릴 적 많은 수난을 겪었지만, 지금은 어엿이 잘 자라 산을 품고 있다.

올해 꽃이 필 때 다시 찾아뵙겠다고 했지만, 아내가 발가락을 삐어 차일피일 미루다 오늘에야 다시 올랐더니, 이미 동백 꽃잎이 뚝뚝 떨어져 있었다.

"아버지, 약속을 지키지 못해 죄송해요."

오르는 산길엔 봄이 활짝 열려있었기에 큰으아리꽃, 가막살이꽃, 둥굴레꽃, 각시붓꽃 등 다양한 꽃들이 마중한다. 아마 아버지도 아시겠지요…. 봄 산의 꽃동산을…

"오느라, 오르며 힘들때면 꽃을 보아라." 시인의 말처럼, "흔들리지 않고 피는 꽃이 있으랴." "산을 오르며 세상을 배워라."

아버지, 집 안에는 아버지께서 심으셨던 모란이 온통 꽃 만발했습니다. 계실 때, 이즈음이면 못자리 만드시느라 들로 나가셨지요. 오늘 산에서 아버지 뵙고 내려오니, 모란꽃 속에 아버지 얼굴이 또 보이는군요.

천둥이 친다.
소나기 봄비가 내린다.
모란이 피기까지 봄비가 그렇게
천둥 속에서 울부짖었나 보다….

작은딸과 함께 점심을

딸아이가 회사를 옮기면서 잠깐 시간 여유가 생겨 점심을 낸다기에, 울주 상북면 청도로 넘어가는 아름다운 산길 오른쪽 언저리에 있는 아젤란리조트에서 점심 식사를 같이했다.

봄이 무르익은, 그리고 초여름이 시작되는 이즈음 산야의 연초록은 푸르름으로 변해가는 시기여서, 청초함이 얼마나 좋은지….
그리고 아래로 내려다보는 풍광이 그만이었다.

그곳에서 넓은 창을 열고 아래로부터 올라오는 푸릇한 바람을 쐬며 사랑하는 가족과 함께하는 식사는 참으로 소중하고 편안한 쉼의 시간이었다. 물론 정갈한 음식에 마음이 흡족한 바도 있지만….

………………………………………………

아이야, 하얀 모시로 만든 수건을 펼쳐
그 위에 백옥같은 쟁반을 올려놓고
푸르름이 더하는 산야에 맞춰서
하양, 빨강, 노랑, 무지개색으로 만든
보암직도 먹음직도 한 음식을 함께 하누나.

바쁘게 바쁘게 일상을 살아온 시간을 잠시
내려놓고, 대자연과 함께 호흡하는 시간,
잠시지만 숨 가빴던 분주함을 내려놓아라.
그리고 이제 다시 시작하는 마음에
음식이 주는 즐거움과 힘을 더하도록….

저에게도 과년過年한 딸이 있습니다.

어릴 때는 눈망울이 사슴과 같이 맑았습니다. 인형이라는 소리도 여러 차례 들을 만큼 예뻤습니다. 그런데 중학교 1학년 때 루푸스(SLE, 자가면역성질환)라는 불치의 병을 만났습니다. 여러 차례 사선死線을 넘나드는 생명의 위기도 겪었습니다. 그러나 이 병은 완치되는 것이 아니었나 봅니다.

어느 날 갑자기 자가면역의 이상이 딸아이 자기 척수를 공격하는 일이 있었습니다. 우리나라의 의료기술이 열악한 상황이었는지 모르지만, 이 진행을 멈추지 못해 횡단척수염으로 하지가 마비되었습니다. 절대음감은 지니고 있어 아무리 눈을 감고 피아노 건반을 두드려도 다 잘 맞추는 아이, 피아노도 곧잘 쳐 전공을 하려고 준비 중이었습니다. 그런데 하지 마비로 그만두게 되었습니다. 영리하고 자기 일을 잘 챙기던 아이였습니다. 그래서 사이버대학에서 컴퓨터를 전공하고 교회의 홈페이지도 직접 만들 정도로 컴퓨터에 소질도 있었는데, 이제는 잘하지 못합니다. 올해부터는 교회의 홈페이지 관리를 교회의 교역자에게 넘겼습니다.

그런데 하지의 마비는 결국 방광이 염증으로 터지면서 이상이 오게 되어, 또 패혈증으로 죽음의 고비를 또 한 번 넘겨야 했습니다. 대수술로 방광은 일부 살렸지만 결국은 폴리로 지내는 상황에까지 왔습니다. 또한 오랜 병상으로 인하여 변비가 찾아오고, 급기야 뇌에 이상이 와서 잠시 의식을 잃는 일이 있었습니다. 이것이 원인이 되어 다소 아이가 어눌해지기 시작했습니다.

2013년 일입니다. 15년 이상 약으로 생활하다 보니, 최근에는 약에 취해 있는 시간이 너무 많았습니다. 딸아이는 하루도 빠지지 않고 Q.T를 하기는 했지만, "매일 성경"을 들고 조는 것이 일상이었습니다. 그래도 누구보다 말씀부터 먼저 읽고 하루를 시작하려는 딸아이를 보며 많은 생각을 합니다. 딸아이는 Q.T 후에는 기도합니다. 두 손을 모두고 간절히 기도합니다. 그런데 한 번도 아버지인 제가 무슨 제목으로 기도하느냐고 묻지를 못했습니다. 아마 가족의 건강과 자신의 건강을 위한 기도일 겁니다. 그러나 요즘은 기도하던 중에도 종종 잠에 떨어집니다. 약에 취했기 때문인가 봅니다. 두 손을 가지런히 잡고서 기도하던 중 또 졸고 있습니다.

그러나 저는 딸아이의 이 모습을 보면서 하나님께 감사 기도를 드립니다. 비록 자기 몸은 이렇게 망가질 대로 망가져 가고 있지만, 매일 하나님의 말씀으로 하루를 열고자 하는 마음과 기도의 호흡을 끊지 않겠다는 딸의 의지 때문입니다. 딸아이는 종전에는 휠체어를 타고 자신의 방에서 일을 많이 했는데, 이제는 거의 매일 침대에서 지내는 상황입니다. 노트북이 유일한 세상과의 소통의 수단이 되었습니다. 그런데 이내 노트북도 접어야 했습니다. 왜냐하면 이제는 시력이 현저하게 떨어졌기 때문에 사물을 분간할 수 없기 때문입니다.

우리 가족의 이러한 모습을, 우리 교회의 일부 교인을 제외하면, 제 주위의 많은 사람이 알지는 못합니다. 그리 자랑도 아니어서, 조용히 지내왔기 때문입니다. 종종 고향에 딸아이를 데리고 가지만, 그리 자랑이 아니다 보니 자꾸만 대문을 닫게 됩니다. 고향의 사람들은 우리의 이러한 상황을 아마도 아무도 모를 것입니다. 항상 행복하고, 아무 걱정도 없는 가정으로 생각했을 할 것입니다.

고통은 비록 우리의 삶 속에 있지만, 그러나 그 고통이 하나님의 사랑을 끊을 수 없겠지요. 그리고 우리 모두의 삶, 그 자체가 모두 고통의 연속임을 굳이 증명하려 들지 않아도 충분히 알 수 있는 것 아닐까요? 모든 가정이 겉으로 보면 아무 문제가 없는 것 같지만, 그들의 삶을 좀 더 깊이 들여다보면 여지없이 그 가정 안에도 각자 고통의 자기 십자가가 있음을….

저는 이와 같은 시련과 고통을 느끼면서 고통에 관한 글들을 참 많이 읽었습니다. 하나님이 우리를 사랑하신다면 왜 이러한 어려움을 주실까에 대한 의문 때문이었지요. 그런데 여러 책을 읽는 중에 (고통, 마지막 강의, 소멸의 아름다움, 모리와 함께 화요일을…. 등등)…. 우리가 겪는 고통은 그리 대단한 것도 아님을 알게 되었습니다. 그뿐만 아니라, 이러한 시련과 고통 가운데 하나님을 통하여 우리가 받는 위로가 너무나 큼을 또한 은혜로 느끼게 됩니다.

아마, 하나님 아버지에 대한 철이 좀 드나 봅니다. 한길 가는 순례자는 항상 그 삶 자체가 광야와 같은 것이어서, 고통과 고난은 항상 존재함을…. 그래서 저는 그동안 신앙생활을 하면서, 순례자巡禮者-광야曠野-고통苦痛이라는 단어를 생각합니다. 그리고 이러한 과정에는 항상 하나님의 은혜가 개입되지 않으면, 아무것도 할 수 없다는 것을….

그동안 저는 별로 저의 가정의 어려운 문제를 외부로 드러내지 않고 살아온 것 같습니다. 조용히 하나님만을 바라보며, 그동안의 삶을 살아온 것 같습니다. 한 번은 페북에 저의 가정사에 관한 글을 올리려 했다 멈추었던 것입니다. 생각은 저의 가정을 위하여 기도 동역자를 만나는 것과 또한 우리처럼 어려움에 부닥쳐 있는 가정은 우리의 사정을 생각하면서 좀 더 힘을 내실 수 있기를 바라는 마음에서였습니다. 하나님이 우리를 위하시면 누가 우리를 대적하겠습니까? 환난이나 곤고나 기근이나 적신이나 칼 등등…. 그 무엇도 우리를 향한 하나님의 사랑을 결코 끊을 수 없습니다. 아멘(2012년 5월 6일 주일 오후 8:41:30)

이 글은 본래 이처럼 2012년에 적은 것입니다. 그런데 이제 이 글을 열어 보니 이것은 현재가 아닌 과거의 일이 되고 말았습니다. 아이는 2022년 10월 10일 오후 5시 30분에 천국 여행을 떠났습니다. 소풍 왔던 길에서 본향을 돌아간 것입니다. 어제 저는 아이의 손을 꼭 잡고 "사랑한다"라는 말을, "사랑했다"라는 말을 수없이 했습니다. 그리고 나만이 아니라 엄마도 우리 가족도, 또한 우리 하나님도 너를 사랑하신다고 했습니다. 아이는 마지막 제가 잡은 손을 꼭 힘주어 잡았습니다. 마치 연애할 때 제 엄마의 손을 잡았던 기분이었습니다. 아마 "아빠, 이제 떠날게요. 우리 천국에서 다시 만납시다" 하는 것 같았습니다. 아이는 그렇게 조용히 숨을 멈추고 먼먼 하늘나라로 훨훨 소풍 끝내고 떠났습니다.

오늘이라는 하루를 접으며

오늘이라는 하루를 이제 접으려 한다.
늦은 저녁, Hegel의 주체가 실체가 되고,
실체가 주체가 되는
그의 강의 노트를 읽었다.

기독교의 삼위일체三位一體를 그의 정신사적
고찰의 중요한 Motive로 활용하면서도
정작 그의 신앙은 Post-modernism 적이다.

잠시 Bony M.의 River of Babylon,
그리고 Greeg의 Solveigs Lied를 들었다.

시편 137편의 유대민족의 아픈 포로기,
그들은 노래를 부를 수 없어,
오히려 악기를 버드나무에 걸어두고
눈물만 흘린다. 고국을 생각하며

그리고 Solveigs Lied는 페르퀸트
어쩌면, 떠난 친구가 돌아오기를
간절히 고대하면서, 신神의 가호加護를,

설령 그가 돌아올 수 없다고 한다면
천국에서라도 같이 만나기를 바라는
애절한 마음을 담은 단조풍短調風의 노래

조금이나마 나아지면 좋겠다는 마음을
담고 귀 기울여 보지만, 언제나
마음의 애절함만 남는 법이기도 하다.

딸아! 오늘 밤도 좀 더 힘들지 않고
푹 숙면을 했으면 좋으련만

아무도 모르지만

아무도 모르지만
이렇게 마음이 아려올 때가 있다.

누구도 그렇게 생각하지 않겠지만
나는 그렇게 광야曠野를 걷고 있다.

아무도 모르지만
나는 이렇게 눈물을 흘리고 있다.

아무도 모르지만
애달픈 마음에 가슴 한가운데가 뻥 뚫려
바람이 휑하니 드나드는 것만 같은

아무도 모르지만
이 밤도 나는 혼자 이 생각 저 생각
잠을 쉽게 이룰 수 없는 것 같다.

아무도 모르지만

또 돌아보나

뒤돌아보지 말고 앞으로만 가려하나
또 보면 뒤를 돌아서 있는 내 모습
가슴 저미는 시간이 흘러갔건만
그래서 늘 흘러간 물로는 물방아를
돌릴 수 없다고 자조하건만
그럼에도 쉽게 끊을 수 없는 현실

가끔 서재에서 책을 찾느라 뒤적이다
큰딸의 지난 시간의 역사를 보며
너무나 똑똑하게 자기 일을 화려했던
모습을 발견하면서(컴퓨터 공학을 전공했으니)
지금 아무런 판단도 쉽게 할 수 없는
상태에 처한 아이와 대조되어서

뒤돌아보지 말아야지 하면서도
오늘도 푸념을 하게 된다.

마지막 전복죽

제법 오래전부터 아이는 밥을 씹어 먹는 힘이 없어 죽으로 대신했는데, 죽마저도 잘 넘기지 못해 믹서기로 갈아서 떠먹였다. 죽은 항상 내가 끓이는 전복죽이었다.

그저께 주일날(10월 9일)도 죽이 이제 남아 있는 것이 없어 다시 끓여야 했기에, 1부 예배 후 찬양 연습을 시키고 집으로 돌아와 오후 예배 시간까지 아이가 먹을 죽을 끓였다. 그리고 이날은 아내도 식사 당번이라 점심까지 먹여야 하는 처지여서 엄청 바쁜 시간을 보냈다.

그런데 아이는 월요일(10월 10일) 저녁에 하나님의 부름을 받았으니, 그리고 내가 끓인 마지막 죽도 제대로 먹지 못한 채 떠났다.

오늘 사망진단서를 위해 법의法醫를 만나는 등 바쁘게 병원을 오가다 점심때가 되어 그동안 나는 항상 혼밥족, 아내와 아이가 같이 먹는 시간이었는데, 아이가 가고 난 후 처음으로 아내와 나란히 식탁에 앉았다. 그리고 죽이 아까워 죽을 먹는데, 자꾸만 눈물만 콧물 반에 죽을 먹지 못하고 화장실로 뛰어가 한참이나 있다가 돌아왔다.

그런데 이런 모습은 나만이 아니었다. 아내도 훌쩍이며 죽을 삼키지 못했다. 그래서 "여보 우리 이 죽 버리자"라고 했더니 "버리긴 왜 버려"라며….

오늘 하루는 이 물건을 봐도 눈물이, 저 물건을 봐도 눈물이, 그래서 아이의 방을 가구 방향을 바꾸면서 치워도 보았다. 그리고 밤에는 문을 꼭꼭 닫았다. 그곳에는 눈물샘이 흐르고 있기 때문이다.

언제쯤 우리의 눈물샘이 마를까? 여러분의 위로 전화와 메시지가 왔는데, 메시지를 볼 때면 또 눈물이 나와 아예 핸드폰 소리를 진동으로 해 놓았다. 오늘 밤은 좀 잘 수 있으면 좋겠다. 그리고 새벽에 주님의 위로를 아주 많이 받고 싶다.

마르지 않는 샘, 눈물 한 방울

전복죽으로 먹다가 눈물 한 방울
아이 칫솔을 보다 눈물 한 방울
아이 방문을 열다가 눈물 한 방울

그런데 진정한 회개悔改를 위하여 흘린,
눈물 한 방울 언제였던가?
하나님, 죄송합니다.

한 줌의 재가 되어

뜨거운 용광로 같은 불길을 지나
이제 새하얀 먼지 같은 재들이
남았다. 그것도 한 줌의

인간은 결국 1평 반의 땅을 위해
그렇게도 쉼 없이 달려온 날들
톨스토이는 그렇게 말했지만

오늘 아이를 보내며 보니 1평 반이 아니라
잔디마당에 조그마한 구멍을 뚫고
하얀 종이에 싸놓은 먼지 같은 재
쏟아 넣고 그 위에 흙을 덮으니

성경에서 영혼은 하늘로 몸은 땅으로
루소가 "자연으로 돌아가라"라고 한 것처럼
그냥 자연으로 돌아간 것이다.
다만 30년의 시간을 주면서
그곳 작은 흙의 주인 노릇만 조금

성은아 기도하고 자

매일 저녁 굿나잇 시간이면
"성은아 기도하고 자" 이렇게

그런데, 요 며칠간은 "누가 기도할까?"
딸아이가 그럽니다. "아빠가"

오늘은 누가 기도할까?

아이는 아주 작은 목소리로
"아빠가"

그래서 아이의 따뜻한 손을 잡고 기도합니다.

하나님 아버지, 오늘 하루도
우리 성은이 잘 지내게 하신 것 감사합니다.

이 밤도 이제 잠자리에 들려고 합니다.
나쁜 꿈도 꾸지 않게 하시고
잠 잘 자고 내일도 건강한 모습으로
일어나 하루를 시작하게 해 주옵소서.

성은이가 항상 천국의 소망을 가지고,
하나님의 은혜 아래 살게 하옵소서.

예수님의 이름으로 기도합니다.
그러면 아이는 작은 소리도 "아멘"

이렇게 기도한 날이 약 두 주,
그리고 더 이상 성은이와 함께
잠자기 전 기도는 할 수 없게 되었다.

"아이가 왜 그렇게 나에게 기도를 부탁했을까요"
그것은 아마도 아빠의 체온을 더 함께하고픈
간절한 마음이었겠지요.

이제는 더 이상 함께 체온을 느낄 수 없으니
그립고 또한 다 잘해 줄걸 하는 후회가

어느 가수가 부른 노랫말이기는 하지만
"있을 때 잘해", "후회하지 말고"
지금 후회하고 있습니다.
그러니 있을 때 잘 못한 것이겠지요.
아랫집 아이가 "아빠" 부르는 소리에
그만 다시 내 마음이 성은이에게로,
또 마음이 내려앉아 눈물이 앞을 가립니다.

혼자 밥 먹기

침대 생활을 하는 아이와 제 엄마가 함께 밥을 먹고
나는 언제나 혼자 식탁에서 밥을 먹습니다. 왜냐하면 아이 스스로 밥을 먹을 수 없기 때문입니다.

그런데 아이가 천국으로 길 떠나고 난 뒤 우리 부부는 아주 오랜만에 함께 식탁에 앉았습니다. 조금은 어색한 것 같았습니다. 왜냐하면 나는 그동안 혼자 밥을 먹고, 이내 설거지를 했기 때문입니다.

그런데 아이가 천국으로 길 떠나고 난 뒤 이렇게 밥을 먹고 함께 앉아 있으니 조금은 이상합니다. 참으로 사람의 습관이란 그런가 봅니다.

딸아이가 거처하던 방은

딸아이가 가고 난 자리가 너무 허전하여, 하루라도 빨리 모든 것 버리고 싶지만, 일의 순서로 인하여 자꾸만 늦어집니다.

삼우三虞라는 세시 풍습을 따르는 것은 아니지만, 그래도 가보고 싶은 마음에, 아이가 있는 곳으로 가려 합니다.

아이가 잠자던 방은 의식적으로 피하고, 또한 방문을 가능한 닫으려 합니다. 아마 더 생각을 떠올리지 않으려는, 애타는 심정이겠지만 쉽지 않습니다.

고향으로 가 엄마에게 딸아이 소천 소식을, 한동안 함께 울고 난 후에 "그래, 천국으로 갔으니 여기보다 낫다. 그러니 너무 약한 마음 먹지 말라"고 엄마께서 신신당부하십니다.

믿음을 가졌다는 것이, 바로 이때를 위함인지 모르겠다.

아이가 누운 곳으로

세시 풍습을 따르는 것은 아니지만
장례를 치르고 그 후 상황을 보기 위해
아이가 소풍을 끝낸 후 3일에 장례를 치르고,
오늘 5일째 되는 날 만나러 갔다.

그 사이 아이 옆에 벌써 이웃이 셋이나 늘었다.
아마 머지않아 아이가 거하는 1-14 잔디 구역은
이웃으로 꽉 차 300을 헤아리게 될 것 같다.

사실 내 주변은 그렇지 않을지 모르지만
분초마다 소풍을 끝내고 부름을 받는 사람들
너무나 많다는 생각이 들었다.

그 속에 이미가 아니라 아직도, 발을 땅에 딛고
살고 있는 우리들이, 바로 미래의 이웃이기에

아주 많이 잠을 잔 것 같은데

오늘 밤 9시경에 잠을 청했던 것 같다.
잠에서 깨어난 시간이 새벽 1시로 생각을 했다.
그래서 무려 4시간 정도 숙면을 했구나.
그렇다면,
그래서 컴퓨터 앞에 앉았다.

그런데 깜짝 놀랐다. 이게 웬일일까?
지금 시간이 11시 49분, 1시는커녕
잠깐 졸다가 일어난 것이다.

아이가 가고 난 후 잠을 잘 자지 못해
계속되는 두통이 이어지고 있다.
그래서 "오늘은 좀 더 잘 자겠지!" 했는데
어쩌면 좋아.
다시 내려가 보자.
양을 헤아리지 않아도 단잠의 은혜를….

지우개로 지울 수 있다면

글씨는 잘 못 썼을 때
지우개로 지우면 되는데
훌쩍 떠나버린 자식은
아무리 지우개로 밀어도
지워지지 않는다.

그래도 한 번, 두 번 지우면
지워질까, 생각해
내 서재의 책상을 딸아이 방으로
그리고 아이가 쓰던 침대를
내 침대로 바꿔버렸다.

언젠가 희미한 흔적만 남겠지.
그러나 사랑마저 지워지지는 말길

아비야 많이 먹고 건강해라.

오늘 시골집에서 아내에게 준 봉투
그 겉표지에 쓰여 있는 문구이다.

엄마는 손녀가 세상을 떠난 것 아시지만,
혹 이 일로 인하여 자식이 또 힘들까봐
격려금까지 넣어서 주신 봉투에

오늘 가족관계증명서가 필요하여
대법원 사이트에서 발급해 보니
성은이 이름 뒤에 [사망]이라는 두 글자
한참을 쳐다보면서 마음이 아렸다.
물론 아내 역시 동일한 마음이었을 것

지우고 또 지우고 있지만,
그래도 아직 남은 것이 있어
자꾸만 눈물 한 방울을

언제쯤 자유로워질까?
아마도 그것은 불가능한 일
다만 정도의 차이가 있겠지만

세속국世俗國에서의 사망

아이가 천국 여행을 떠나고 이제 열흘이 지났나 보다. 남은 일 처리를 위하여 가족관계증명서를 떼니, 아이 이름 옆에 네모를 지워 "사망"이란 표시가….

이제 이 나라에서도 공식적으로 존재를 부인하는, 그러므로 모든 공민권公民權은 사라진 상태를 증명한다.

그런데 아이에게서 이 세상의 공민권은 사라졌지만, 이전에 얻었던 천국 시민권은 그대로 유효하기에, 세속국에서의 슬픔은 있지만, 하늘나라의 소망을 따라 그곳에서 아프지도, 힘들지도 않고 행복만 있을 것이기에 조금, 아니 많은 위로를 받는 하루였다.

아이들 앨범이 있지만

서재 한켠에 두 딸의 어릴 적 추억이 오롯이 남겨진 앨범들이 있지만, 또 눈물 한 방울 흘릴까 두려워, 감히 펼치질 못한다.

이 새벽, 그냥 물끄러미 표지만 응시凝視. 큰딸, 강림유치원 앨범도 보인다.

아내와 그 많은 앨범을 미리 버렸건만, 아직도 미련스러운 추억의 여백이 메워지질 않고, 버젓이 남아 있다. 펼칠 수 없는 추억의 갈피로

자유시간 과자를 입에 넣었더니

서재 테이블 아래 놓여있는 자유시간 초콜릿 과자 하나를 개봉해 입에 넣었는데, 왜, 이렇게 맛이 쓸까?

큰딸아이가 평소 침상에서 매일 하나씩 입에 넣어, 잘 먹지도 못하지만 우물우물하며 먹던 과자라

목이 메고, 맛도 그렇게 쓴가 보다. 또 눈물 한 방울, 그렇게 시간이 간다.

서재에 멍하니 있자 하니

오늘 하루, 성탄절 바쁘게 지났습니다. 이제, 서재에 멍하니 앉아 있습니다. 그러자 눈물이 왈칵 쏟아집니다

무엇이든 바쁘게 지내야 하는데, 이렇게 멍때리면, 울게 됩니다

지워도 지워도 다 지울 수 없는, 그리움이 있나 봅니다

큰딸아이를 하늘동산 잔디밭이 아닌, 내 마음 깊숙한 곳에 묻었나 봅니다

이제 세수를 해야겠습니다. 눈물은 전염병이거든요….

성은이는 가고 없는데

성은이는 분명히 가고 없는데,
그리고 그의 주검을 보았고,
화장을 하여 한 줌의 재가 되었고,
또한 울산 하늘공원 묘지 잔디 자연장
한 곳에 자리를 하고 있는데

그럼에도 아이가 옆에 있는 것만 같고
소리를 내는 것만 같고
"아빠"하고 부르는 것만 같으니

성은이의 죽음이 아직은 실감 나지 않아
반쯤은 나를 멍하게 하는구나.

잊힐 것만 같은데, 잊히지 않고
자꾸만 생각이 난다.
안락동 이전 집을 돌아서오며
또 멀뚱멀뚱 그곳에서의 너의 모습이
어쩌면 세월이 약이겠지. 성은아!

마음을 다잡지만

이제는 그쳐야지.
눈물 한 방울

아내와 여행을 가면서 잊고자
또 아이 방을 내가 자는 방으로
이렇게, 저렇게 노력을 해 보지만

어디선가 "아빠"라는 소리가 들리면
또 눈물 한 방울 흘러내린다.

언제쯤 내 눈에서 눈물이 마를까?
언제쯤일까?
언제쯤일까? …

라면으로 저녁을 먹으며

오늘 아내 저녁 모임이 있어 나가고
나는 혼자 오랜만에 라면으로 저녁을,
그런데 또 라면을 먹다가 눈물 한 방울

큰아이는 라면을 참 좋아했다.
그래서 종종 점심때면,
라면 반쪽에 달걀 하나로

달걀은 반숙 정도에 라면을 호호 불어
달걀 조금과 라면을 숟가락에 담아서
주면 그렇게도 맛있게 먹었는데

어쩜 하찮은 라면일는지 모르지만
나에게는 또 하나의 그리움이 담긴
눈물 한 방울의 음식이기에

큰딸에 못다 한 이야기 1
―별이 된 딸에게

사랑하는 큰딸아
사랑하는 아이야
사랑하는 성은아

내 마음 깊은 곳
별이 된 너를
저 북극성 옆에
놓아두고 싶구나

곰 자리
카시오페이아
그렇게 화려하지 않아도
요동치지 않는 북극성 옆

그래서 언제나 쉽게
너를 찾아볼 수 있게

꿈속에 이 글이 떠올라
눈물 한 방울
또 하루가 시작되는구나.

TV 소리가 커도

지금, 이 시각 TV 소리가 좀 크다.
불과 몇 주 전만 해도
혹 밤잠을 설친 아이가
잠잘 시간이어서
방해가 될지 봐
살며시 방문을 닫아주고
TV 소리도 낮췄건만

지금 소리가 좀 큰 것 같아
아, 줄여야지
아이가 자고 있으니
그러다, 이제는 아닌 것 알고
또 눈물 한 방울을

더 더 더

더 많이 함께하고
더 많이 손잡아 주고
더 많이 이야기 나누고
더 많이 사랑한다고 말하고

더 더 더

그런데 이제는 할 수 없으니
자꾸만 후회만 밀려온다.

화요일, 목요일이면
엄마 뵈러 가야 하는 처지
아내가 12시 50분 돌아올 때까지
잠시나마 혼자 두었던 일에
마음이 또 시리고, 아프다.

물론 딸아이도 할머니 병원 모셔가고
잡수실 것 가지고 가는 날인 것 알기에
이해는 했겠지만
그래도 12시에 나가면

제 엄마 돌아올 때까지는 혼자인 것을

아이야, 사랑하고 사랑했음을
또 이렇게 눈물 한 방울

그리운 마음은

그리운 마음은
예고도 없이 찾아온다.
좀 언질言質이라도,
좀 기미라도 보였으면
눈물 한 방울,
하얀 손수건 준비나 하제.

잊을 듯 잊히지 않고
문득문득 아침 안개처럼
스멀스멀 피어오르면
주체할 수 없는 눈물이

꼭 한 달이 된 오늘 오후
그때 그 자리 다시 찾아가
멍하니 하늘만 바라다본다.
이내 발길을 돌렸다.

아직도 이곳 잔디밭보다는
내 마음속에 있는 너를

상리천, 가을 길에

큰아이가 우리 곁을 떠난 지 한 달,
아이가 있는 하늘공원 다녀올 겸
혼자 상리천 산행길을 나섰다.

가을이 깊었다.

상리천의 가을 길은 단풍으로
너무너무 아름답고 찬란하다.
그런데 인적은 끊어졌고
물소리, 간간이 낙엽 지는 소리만
가을 길 정적을 깬다.

네가 떠나고 난 후
나의 마음과 같이 그렇게
휑하니, 깊은 가을을 맞는구나.

큰딸에 못다 한 이야기 2
―하늘나라로 이모 이사갔어

성은아,
어제 하진이가 집에 와
너의 침대가 비어 있는 것 보며
너 어디 갔냐고 묻더라
그래서 이모,
하늘나라로 이사 갔다고 했어.

아이가 아직 어려서
이 말이 어떤 의미인지
정확히는 모르지만
머지않아 알게 되겠지.

네가 있는,
하늘공원 이야기는 해줬다.
하진이는 그 정도에서 이해했단다

큰딸에 못다 한 이야기 3
ㅡ아빠는 눈물 쟁인 가봐

성은아
아빠는 지금 새벽을 기다린단다
네가 누워 지냈던 그 방에서
새벽종 울리길 기다린단다

이제 비록 육신으로는 너를 만날 수 없지만
천상天上의 소리를 들으러 가면
너의 모습도 볼 수 있겠지

네가 있는 곳은 얼마나 좋은지
잘 상상이 가지는 않지만
믿음의 눈으로 보면서
너를 다시 만날 때를 고대하며
아빠는 기다린단다

곧 종이 울리겠구나!
우리 함께 기도하면서 해후邂逅하자꾸나.
아마 엄마도 함께할 거야
그런데 갑자기 너를 생각하니

눈물이 나는구나!
아빠는 눈물 쟁인 가보다

여기 누워있던 사람은 어디 갔어?

어제 손자들이 집에 왔다.
작은 녀석이 내 책상 방으로 들어와
"할아버지",
"여기 누워있던 사람 어디 갔어?"라고

평소 우리 집에 들를 때, 큰아이가 침대에 누워있고, 방문은 보통 닫혀 있지만, 틀림없이 이 녀석 말은 하지 않았지만, 베란다를 통하여 제 이모의 모습을 여러 차례 보았던 모양이다.

나는,
"이모, 하늘나라로 갔어."
"이모, 죽었어."

손자는 "응"
그렇게 답변했다.

내가 덧붙였다.
"너, 이전에 이모가 잔디밭에
있는 것 엄마와 함께 가서 보았지?"
"이모는 그곳에 묻혀있단다."

아직 손자에게 죽음이라는 것을
설명하기에는 너무 어린 나이이기는 하지만
언젠가 다시 이모가 있는 곳에 갔을 때
그리고 자라면서 조금씩 죽음의 의미를
더 깨닫게 되는 날이 오겠지.

큰딸에 못다 한 이야기 4
-눈물이 멈추지 않아

성은아,
서릿발이 성성한 새벽
아침 공기가 매우 차구나.

아빠는 천상의 소리를 들으러
새벽 공기를 가르며 교회당으로
갔다. 여전히 네가 집에 있을 때처럼

가끔은 비어 있는 네 방이
눈물을 만드는 공장처럼 느껴져
이제는 아빠의 책상 방으로 바꿨다.

어쩌면 너의 흔적이 지워보려는
그래서 아빠의 눈물을 지워보려는
자그마한 몸부림이지만

그럼에도 너의 이름 두 글자,
"성은아"라고 부를 때면
그렇지 못하구나.

또 이 글을 쓰다가 그만
눈물이 나서 멈춰야겠다.
내일 다시 만나자꾸나.

빈들에 서서

빈들에 서보라
바람은 그렇게도 황량荒涼한지
살을 에는 듯한 차가움도 더하리

빈들에 서보라
오롯이 혼자만인 것을
무서리 속에서 느끼겠지

그러나 누군가 옆에 있다면
서로 부대끼며 설 수만 있다면
빈들마저 황홀해질 수 있으리
그래서 빈들은 충만인 것을

큰딸아,
네가 거하던 옆방, 서재 공간은 동일한데,
거실의 오디오마저 꾸역꾸역 작은 방에
오늘 오후 집어넣었단다.

그리고 문을 닫고, 아주 혼자서
퍼시 그레인저의 연주 음악을 듣는다.

가끔 이렇게 혼자의 공간에 앉아 있으면
이곳이 빈들이 된 것만 같단다.
빈들, 너를 만날 수 있는 공간이기에

큰딸에 못다 한 이야기 5
–너를 잊지 않으려

네가 떠나고 난 한 달은 참 힘들었다.
한 달째 되는 날 아빠는
너 있는 곳 갔다 오며 또 울었단다

네가 떠나고 이제 두 달이 지났구나!
딱 한 달째보다 덤덤했나?
오늘이 두 달 하고도 3일째 새벽,
너를 생각한다.

큰딸, 성은아
이러다
아빠, 영영 너를 잊을까 걱정된다.
그렇게 눈물샘도 점점 말라가나 보다.

너를 잊지 않게
또 이렇게 글을 써본다.
아마 백지 위에 눈물로 쓴 글씨는
아빠의 눈물샘보다 더 오래 가겠지!

큰딸, 성은아….

큰딸에 못다 한 이야기 6
-강릉 가는 길

큰딸, 성은아
내일 아빠와 엄마, 강릉 간단다
일기예보는 최강 한파가 몰려온다는데
가려고 하니 조금은 걱정이구나

강릉,
네가 초등학교 6학년 여름이었지
우리 가족 모두 고성까지 먼 길을
다녀왔던 것이

아빠는 그때의 추억을 더듬으며
7번 국도를 따라 추억하는 마음으로
먼 길을 나서려 한다.

오죽헌이며 여러 곳을 다녀올게.
그리고 네 발자국이 아직도 남았는지
잘 살펴보고 돌아와 말해줄게

기다려, 큰딸 성은아

큰딸에 못다 한 이야기 7
—10일이 되면

성은아, 큰딸아
네가 떠난 지난 10월 10일
그리고 오늘 석 달이 되는 10일
아빠는 어제 자정을 넘겨
코로나 격리 기간에서 해방되었단다

너와 함께 지낼 때
엄마와 난 무척이나 코로나를 겁냈다.
이유는 너도 알겠지, 혹시 너에게 옮길까 봐

그런데 네가 떠나고 난 뒤
긴장이 풀렸나 조심하지 않아서
할머니로부터 전수傳受하고 좀 고생했다.

10일이 되면 네가 더 그립구나!
날씨가 꽤 추웠는데
오늘은 봄날 같아 엄마와 산책도 했단다

머잖아 꽃이 피고 새가 우짖는

아지랑이 피어오르는 봄날이 오겠지
그때 파릇파릇 잔디 움 틔울 때
너를 만나러 갈게,
기다려, 성은아,
사랑하는 큰딸아

큰딸에 못다 한 이야기 8
—엄마는 위대해

성은아,
코로나 기간에 엄마는 언양 집에
혼자 있자니 참으로 심심했단다

큰딸 성은아,
그런데 아빠는 밀양 할머니 집에서
둘 다 환자이지만 내가 밥을 차려야 하기에
돌아서면 또 밥걱정에 참으로 바빴단다

그래서 네 엄마 생각을 했단다
하루도 아니고 40년을 넘게
아빠 밥을 준비한 그 위대함을

성은아, 큰딸아
우리 함께 손뼉을 쳐볼래
엄마의 수고와 고마움에

큰딸에 못다 한 이야기 9
—서재에 있는 시간이

큰딸, 성은아
아빠는 요즘 서재에 머무는 시간이
이전보다 많이도 늘었구나

네가 보고 싶으면
그리고 울고 싶으면
언제든지 울 수 있으니 좋아

큰 방과 멀리 떨어져 있고
네가 지냈던 방이 옆에 붙어있어서
엄마에겐 눈물을 보이지 않을 수 있고
네 옆방이라 너의 체취體臭를 느낄 수 있으니

그래서 서재에 오래오래 머문단다
눈물 한 방울 흘려도 괜찮으니

큰딸에 못다 한 이야기 10
—얼마나 몸이 가벼워야

너를 목욕시키기 위해
욕실로 안고 들어갈 때
오래전에는 그래도 무거웠는데

네가 떠나기 얼마 전에는
너의 몸이 새털처럼 가볍더구나

몸이 무거우면
하늘나라로 올라가기 어려워 준비했니?
날개옷은 가벼운 사람에게만 허용되니?

그렇게 너는 훌훌 털고
저 푸른 해원, 끝도 보이지 않는
저 높은 곳으로
날갯짓하며 올라갔구나

아빠는 언제 새털처럼 가벼워질까?
날개옷은 언제 입을까?

큰딸에 못다 한 이야기 11
ㅡ꿈속에서라도

파리한 너의 손가락
피 한 방울도 보이지 않을 정도로 가녀린
그러나 아빠가 너의 손을 잡으면
너의 따뜻한 온기를 느낄 수 있었는데

그날, 네가 멀리 소풍 끝내고 떠나던 날
너의 손은 너무나 차갑고 새하얀

우린 매일 저녁 네가 잠들기 전에
너의 손을 잡고서 함께 기도했지
"오늘 밤 잘 자고 내일 다시 볼 수 있도록"

그런데 이제는 너의 손을 잡을 수도 없고
내일 아침을 함께 기약하며
기도할 수도 없으니

가끔 꿈속에서라도 너의 손을 잡고픈데
네가 있는 곳이 너무나 좋은지
아빠에게 올 생각도 하지 않는지

한 번도 만나질 못했구나
꿈속에서라도 좋으니
사랑하는 큰딸 성은아
우리 한 번 만났으면

진눈깨비가 내리던 날

밤사이에 비가 눈이 되어 내리기 시작했습니다. 새벽에, 교회에 갈 때 진눈깨비가 되었습니다. 길바닥은 온통 물과 눈이 섞여 미끄럽기까지 하였습니다.

오늘 아침 일찍 기장 시장을 들러서 대게 사서 화명동 요양병원에 계시는 장모님을 면회 가게 되어 있었는데, 아침 길이 너무 위험하여, 그만 대면對面 면회는 취소하고, 그 대신에 오후 시간에 잡수실 것만 챙겨서 갔다 왔습니다.

평소 면회 가려 하면 먼 길 올 필요가 없다고 하셨던 장모님, 그런데 저녁 시간 아내가 문안 전화를 하니 못 보고 돌아간 것이 못내 아쉬우셨던가 봅니다. 그러니 평소 먼 길 오지 말라, 하시는 말씀을 그대로 들으면 안 될 것 같습니다. 말씀은 그렇게 하셔도 보고 싶은 마음은 가지고 계시기 때문입니다.

그리 머지않아 시간을 잡아 다시 대면 면회를 신청해야 할 것 같습니다. 다른 이들도 계시기 때문에 우리만 자주 갈 수 없기에, 기회를 잘 이용해야 할 것 같습니다.

그런데 돌아와 곰곰이 생각하니, 오늘이 2월 10일입니다. 늘 매달 10일이 되면 잊을 수 없는 그리움의 마음 모락모락 올라오지요. 이제 4개월이 되었습니다. 큰 딸아이가 소풍을 끝내고 하늘의 별이 된 그날로부터….

사실, 아내와 함께 큰 딸이 있는 하늘공원에 가고 싶지만, 아내가 또 슬픈 마음 지닐까, 걱정되어 말을 꺼내지 못합니다. 그냥 시간이 되면 혼자 가보려 합니다. 오늘처럼 이렇게 진눈깨비가 날리는 날이면, 당연히 공원묘지로 가는 언덕길이 미끄러워 출입을 허락하지 않겠지요.

3월이 되면, 꽃도 피고 벌도 나비도 춤을 출 때 그때 가보려 합니다. 잔디도 파릇파릇 새싹을 내는 그때 말입니다. 마치 누렇게 죽은 것만 같은 잔디가 파랗게 싹을 틔우는 모습을 보면서, 부활의 의미도 다시 새겨볼 수 있겠지요.

부산에서 돌아와 산을 보니, 진눈깨비가 내려 신불산과 영축산은 아직도 봄눈에 하얀 모습을 하고 있습니다. 아침, 혹시 사라지지 않을까 하는 조바심에, 서재에서 몇 컷 사진을 찍어 두었는데, 부산 다녀와 열어 보니 그 모습이 아름다운 것 같습니다.

그러나 3년 전 이맘때 나는 봄눈, 상고대를 보기 위하여 역시 신불산을 올랐다가 그다음 날부터 몸에 이상을 느끼고, 다음 날 병원을 찾았더니 심장의 혈관이 70% 이상 막혀 있다는 진단을 받고, 응급으로 스텐트 2개를 시술한 적 있습니다.

그날, 신불산에서 만약 심장에 큰 이상이 왔더라면 인적이 거의 없는 곳이라, 아마 심각한 상황에까지 이를 수도 있었을 것으로 생각하며, 그날 이래 제2의 인생을 살고 있다는 다짐도 하였습니다.

그래도 아이를 먼저 앞세우고, 아이가 갔던 그곳으로 언젠가 나도 가겠지만, 이렇게 그리움을 추억할 수 있다는 것에 안도의 마음을 가져봅니다. 누구의 도움 없이는 조금도 지낼 수 없는 심각한 큰아이를 두고 내가 먼저 떠났다면 아내 혼자 모든 것 감내하기엔 너무나 벅찼을 것이기에….

갑자기 진눈깨비 내리던 날, 이런저런 생각에 주절주절 해 봅니다. 이 모든 것이 인생인 것을, 그래서 비관도 절망도 아닌, 오늘 하루의 최선을 다한 나그네의 광야길 이었음을 돌아보면서….

너도바람꽃을 따라서

오늘은 집 부근의 양산 상리천 계곡을 따라 봄맞이꽃 산행을 다녀왔다. 봄이면 변산바람꽃이 봄의 전령사로 두각을 드러내기 때문에, 뭇사람들은 그녀의 이름을 부르곤 한다. 즉, 변산 아씨라고. 그런데 변산 아씨에 대하여 시샘하는 꽃이 있었으니, "나도바람꽃이라 하면 안 되겠소"라고 하며 이른 봄 변산 아씨와 앞다투며 동토를 헤집고 올라오는 꽃이 있으니, 그 이름이 바로 "너도바람꽃"이다.

앞에서 보았듯이 "나도바람꽃이라 하면 안 되겠소"라고 묻자, 정 그렇게 불리고 싶다면 "너도 바람꽃이라 하려무나", 뭐 이렇게 해서 이름이 붙어졌는지는 알 수 없지만, 그럼에도 그 이름이 바로 "너도바람꽃"이다.

바람꽃 모양이지만, 꽃술이 노랗게 물들어 있다. 그리고 변산 아씨보다는 키가 작다. 얼마나 마음 고생을 했길래 그런지 모르지만…. 그리고 곧 "꿩의바람꽃"이 나올 것이기에 그 전에 올라와야 한다는 다급함도 한몫했을까?

상리천에는 너도바람꽃만이 아니라 이즈음에 하양 노루귀와 짚북재에는 복수초가 봄의 등불을 밝힌다. 다소 왕복을 하려면, 주차장에서 16,000보 정도는 각오해야 하지만, 그래도 어쩌랴. 이 녀석들을 만나는 즐거움이 있기에…. 생강나무도 곧 노랑꽃을

물론 보통 사람들은 여기까지 봄 내러티브를…. 그러나 나는 더 이어지는 것이 있으니, 돌아오는 길에 하늘의 별이 된 큰딸을 하늘공원에서 만나는 시간도 있기에, 이 코스가 마냥 좋다. 아직 잔디들이 파릇파릇 봄을 열지는 않았지만, 그래도 아이의 이름을 불러볼 수 있기에…. 한참 동안 앉아서 이야기하다가 집으로 돌아왔다.

큰딸에 못다 한 이야기 12
ㅡ살아서 너를 만날 곳은 어디에도 없으니

딸아
우리는 살아서 다시 만날 곳이란
이 세상 어디에도 없구나.
네가 한 줌의 흙이 되어 잔디 아래 들어갔지만,
그렇다고 그곳에서도
너의 따뜻한 온기를 느낄 수 있겠니.

이제 봄이 되어
파릇파릇 잔디가 새싹을 돋아내고 있지만
이럴수록 너의 자리는
다 희미해져 버리는 것 같구나.

네가 먹다 남겨놓은 두유를 한 잔
오랜만에 따라서 먹으려니
그동안 꾹꾹 눌려 놓았던 그리움이
다시 움찔움찔 올라와
목이 메고
눈이 다시 핑 눈물로 덮이는구나.

이제 얼마 있지 않으면
네가 떠난 지 6개월이 되는 날
하필이면 그날이
엄마 아빠 결혼식이 있었던 날이구나.
그러고 보니 엄마와 함께 산 지도 41년이 되었구나.
큰딸 성은아,
아직도 많아 남겨놓은 두유가 있어서
이것 모두 아빠가 먹으려면
얼마나 많은 눈물을 흘려야 할까?

엄마가 돌아오기 전에 세수부터 해야겠구나.
다음 또 만나자.
내 딸,
큰딸 성은아

존재와 시간의 의미를

"존재存在와 시간時間의 의미", 이 말에 대하여 대뜸 하이데거를 떠올릴 사람들이 많을 것이다. 그러나 나는 이 말을 끄집어 내면서, 하이데거를 거론하고자 하는 것이 아니라 나의 삶의 현주소에서 시간의 의미를 잠시 말하고자 한다.

오늘 오전에 인근 양산 상리천 산행을 했다. 오늘은 이곳에 자생하는 야생화를 보려 한 것이 아니다. 다만 눈에 야생화가 띌 때는 마음을 다해 들여다보겠지만, 그렇다고 이른 봄에 이곳을 들리듯이 야생화 꽃자리를 찾아서 이리저리 쏘다니려는 것은 아니었다.

봄이 되면 그 어느 곳이건 가릴 것 없이 연초록 초록 나뭇잎들의 향연을 볼 수 있지만, 그래도 상리천 계곡을 따라서 물소리 새소리 들으며 걷는 것 자체가 향연이기 때문에 이곳을 선택했다. 특히 며칠 전 내린 비로 인하여 계곡은 수량이 풍부해, 온통 작은 폭포들이 이어지는 현장 속에 있다는 것 자체가 너무 좋았다.

마치 잠깐이지만 나의 현존재는 개체가 아니라 자연이라는 전체에 속해 있는, 말하자면 자연 일부로 돌아간 것 같았으니, 비록 명상하지 않았지만, 자연의 살아서 숨을 쉬는 소리를 때로는 물소리 속에서 천둥으로 때로는 작은 새소리 속에서 속삭임으로 들었다.

그런데 오늘, 사실은 아내와 결혼한 지 41년이 되는 날이다. 그리고 사랑하는 큰딸이 하늘의 별이 된 지 딱 6개월이 되는 날이다. 그래서 매달 10일이 되면 그리움이 밀물처럼 밀려오는 날이기도 하다.

생각해 보면, 엊그제 결혼을 한 것만 같은데 벌써 41년이 되었다는 생각에 세월이 쏜 화살처럼 빠르다는 느낌을 받는다. 반면, 큰딸이 별이 된 지 6개월밖에 되지 않았지만 너무나 먼 먼 시간이 지난 것만 같아 그리움은 더 깊어지고 있다. 이처럼 똑같은 시간을 두고도 받아들이는 의미에 따라 빠르게도 더디게도 느껴지는구나, 하는 생각을 하게 된다.

상리천 산책 후 딸이 있는 하늘공원을 다녀왔다. 상리천에 갈 때면 나만의 정규 루틴이라 할 수 있다. 다만 이곳에 가면 그냥 멍하니 쳐다보기만 한다. 그리고 아직 한 번도 아내와 동행하지 않았다. 그 이유는 슬픔은 나만으로 충분하기에, 아내마저 깊은 슬픔에 빠질까, 하는 염려 때문이었다. 한참 동안 주차해 둔 차 안에서 멍하니 눈물만 흘리다, 집으로 돌아와 이 글을 적고 있다.

그런데 방금, 초인종 소리가 나더니 둘째 딸로부터 결혼 축하 과일바구니가 배달이 되어왔다. 삶은 이렇게 수시로 우리 앞에 열리는 환경을 따라, 존재와 시간의 의미도 수시로 변하고 있는 것 같다.

아직도 방문이

우리 집 방 네 개 중에 오랫동안 하나는 굳게 닫혀 있었다. 손자 가족이 와도 역시 닫혀 있고, 정수기 아줌마나 집안에 외인外人이 들어올 때, 꼭 이 방은 닫혀 있었다.

이유인즉슨 아픈 큰딸이 오랫동안 침대 생활을 하고 있었기 때문이다. 그리고 이 모습을 그리 우리 부부 이외에 굳이 공개해야 할 이유가 없었기 때문이다.

밥을 먹을 때에도 아내 아니면 내가 아이에게 먹여줘야 하기에, 손자 가족이 올 때도 그렇게 지내는 것이 일상이었다.

이제 큰딸이 떠나고 6개월이 넘었다. 그렇지만 딸이 지내던 방을 활짝 열어놓기가 싫어서, 오늘도 문을 닫았다.

작은 손자 유치원 체육회를 UNIST에서 하고, 곧 우리 집으로 저녁 겸 딸아이와 손자 생일 축하도 해야 하기에 올 것이다.

가끔 마음 깊은 곳에서 큰딸의 모습이 올라와 울컥 울컥한다. 그럴 때면 멍하니 있을 수밖에…. 참 쉽지 않다. 기억의 저편으로 보내기에는….

성은아! 큰딸아….

저 길 끝자락에서

한 마리 새가 되어 날아간 날,
하늘에 작은 별이 된 날,

그날이 벌써 7개월이 지났건만
아직도 내 마음속엔 그리움만

저 길 끝자락에서 짠하고
금방이라도 나타날 것 같은데

나도수정초 너는 누구니?

하얀 순백색純白色의 꽃이 핀다.
겨우내 낙엽 속에서 꿈을 꾸다가
비가 내린 이즈음에 꽃이 핀다.

꽃의 눈을 들여다보면
여기가 서양인지 아니면 동양인지
약간은 헷갈리기조차 한다.

아니 별에서 온 손님인지,
화성이나 금성에서 왔을까?

아니면 바다의 해마海馬가
물속을 떠나 육지로 올라 온 것일까?

그렇지 않다면 이쁜 사슴이
귀 쫑긋하고 여름을 마중 나온 것일까?

나도수정초를 볼 때면
이런저런 생각에 잠긴다.

혹시 나의 큰딸이 가 있는
어느 하늘의 별에서 왔을까?

혹, 아이의 소식이나 들을까
나도 귀 쫑긋, 두 눈을 부릅떠보지만
여전히 너는 눈으로만 말하고 있구나.

사랑니가 아프다.

사랑할 나이에 올라온다고 해서 사랑니
그때
생살을 뚫고 올라올 때 얼마나 아팠을까
나는 그때의 기억은 없다.
그렇게 그 시절을 잊어버렸나 보다.

이제 칠순七旬을 코앞에 둔 나이에
다시금 사랑니의 아픔을 겪고 있으니
풋풋한 젊은 날의 사랑 아픔이 아니라
살아온 지난날 삶의 여정을 되새기며
또 한 사랑에 대한 깊은 애정의 결과일까?

사랑니를 만날 때도 아픔이 있었지만
이제 보내야 하는 아픔도 큰가 보다.
사랑은 그렇게 왔다가 가나 보다.
인생 여정을 따라서

큰딸에 못다 한 이야기 13
- 별이 된 너의 침대를 정리하며

성은아, 네가 우리를 떠난 지 이제 9개월이 지났구나. 오늘은 그동안 네가 그렇게 오랫동안 한 몸이 되어 지냈던 침대를 정리했구나. 침대를 정리하다 보니 너의 머리카락이며 먹다 흘린 음식 조각이며 네가 흘렸던 코피까지 발견되었구나.

동생 지은이는 머리카락이 많지 않아 걱정이었지만, 너는 아빠를 닮아서 머리카락이 너무 많아서 가끔은 잘라주지 않으면 이내 한 손으로 잡기도 힘들 정도였지. 그래서 종종 네가 더울까봐 엄마는 가위로 머리숱을 잘라주곤 했지.

긴 머리카락에 윤기 나는 머리, 잡아 매어놓으면 참 예뻤지. 머리를 정리하기 위해 고무줄도 참 많이도 사들였지. 이쁜 머리띠도 샀는데, 이제는 네가 남겨놓은 것들이 아빠 머리카락 묶는데 사용되고 있구나.

참으로 우린 함께 라면도 많이 먹었지. 그리고 밥에 달걀을 넣고 케첩으로 비벼 먹기도, 그리고 네가 떠나기 오래전이긴 하지만 잘 삼키지 못해 전복죽을 얼마나 많이 끓였는지…. 빵을 우유에 적셔 먹기도 했던 그 흔적들이 고스란히 남아 있더구나.

워낙 약해진 몸으로 인해 코피도 자주 흘렸는데, 그 흔적까지 보니 참으로 마음이 미어지는 것 같구나. 이제는 좀 잊을 것만 같은데, 그게 마음대로 되지 않는구나.

아빠는 네가 길렀던 머리카락 길이만큼 길어볼 생각인데, 쉽지는 않겠지. 여름이라 그리고 장마가 계속되어 매우 덥구나. 그래서 오늘부터 교회 가면서도 네가 사용하다 남겨놓은 고무줄로 머리를 묶었단다. 어떤 권사님은 처음에 우습기도 했지만, 나중에 자세히 보니 귀엽기도(?) 하다고 하더구나.

딸아, 큰딸 성은아!

너는
이제 아프지도 않고 힘들지도 않은 곳에서
아빠와 엄마를 내려다보며
오늘 하루도 보냈겠지.
엄마와 아빠는
요즈음 외할머니, 시골 할머니
두 분 보살피느라 정신이 없단다.
그래서 가끔은 너의 남겨 두고 간
물건들을 보지 않으면
그냥 잊고 지낼 때가 있단다.
너무 바빠서

머지않아 10월 10일이 다가오겠지.
그러면 어느 사이에 지나갔는지
너와의 이별 날이 1년이 되겠지.
우린 그렇게 1년이 가고,
혹 10년이 갈는지 아니면 그 이전에
너를 만나러 아빠가 갈는지
우리가 다시 만날 날은 기약할 수 없지만
그럼에도 늘 그리움으로

하루하루를 살자꾸나.

네가 몸이 약해져 갈 때
아빠가 많이 불렀던 노래
아니 노래는 잘 모르지만 가사 중에서
"우린 매일 이별하며 살고 있구나"
이 말을 되뇌며 지냈단다.
그러나 이제 매일 매일
이별하며 사는 것이 아니라,
"다시 만날 날을 기다리며 살고 있구나"
이렇게 가사가 바뀌고 있구나.

오늘 하루도 너를 추억하며
아빠는 서재에서 작지만 소중한
너와의 시간,
아름답던 지난날을 회상하며
눈물 한 방울도 흘리지만
이 밤도 평안을 기원하며….
참, 아직 별은 뜨지 않은 시간에
장마 속에서 구름이 너무나 아름답고
또 잠깐이지만 무지개도 떴단다.
장마 속에 많은 이들이 물 폭탄으로 인해
어려움을 당했는데
더 이상
어려움이 그만이길 약속하는 것일까?

너의 별이 있는 푸른 해원의 끝자락까지
잠시 볼 수 있어 사진을 찍었단다.
곧 너의 별이 반짝이겠지.
그러나 짓궂은 장마, 구름으로 가려
너를 볼 수는 없겠지만….

보고 싶다. 보고 싶어서

보고 싶다.
이렇게 열다섯 번을 하니
하늘엔 둥근 달이 휘영청 밝았다.

보고 싶다.
또 이렇게 보름을 하니
하늘엔 온통 별이 총총하다.

달 밝은 밤에는 창가에 기대어
편지를 쓰고
별이 총총한 밤에는 창가에 서서
별 헤는 밤을 맞는다.

보고 싶어서
그리워 별을 헤고
보고 싶어서
그리워 편지를 쓴다.

6

신앙이란 영창 너머로

새해에 드리는 기도

아직 한 번도 가보지 못한
길을 걸어가려 합니다.

때론 폭풍우暴風雨가 몰아치고,
황량한 광야 길을 걸어서
가야 할지도 모르겠습니다.

그리고 때론 너무나 감격과 기쁨으로
주체할 수도 없는 일이
일어날지도 모르겠습니다.

그러나 어떤 상황에 부닥치건
나그네요, 순례자임을 잊지 말게 하옵소서.

이웃의 기쁨, 같이 기뻐하게 하시고,
이웃의 슬픔에 같이 나누게 하소서.

그래서 기쁨은 배가되게 하시고,
슬픔은 반이 되게 하소서.

이 한 해,
광야 같은 세상에 나그네,
순례자로 사는 삶임을 알아
때론 고난이나 고통이 와도
너무 좌절, 절망하지 않게 하시고,
때론 기쁨과 환희에도 교만하지 않도록,
항상 당신을 깊이 의식하게 하옵소서.

또 한 해를 보내며

매년 그러하듯 한 해를 보내며, 뒤를 돌아보면 참으로 후회와 죄송함만 가득함을….

주님은,
낮아지라 하셨지만 높아지려 했고, 버리라 하셨지만 버리지 못하고 움켜쥐려 하였고, 먼저 용서容恕하라 하셨지만 용서받기를 원했고, 자기 십자가를 지고 나를 따르라 하셨지만, 주님께 십자가만 더 지웠습니다.

주님은,
남을 섬기라 하셨지만 섬김을 받으려 하였고, 남을 인정하라고 하셨지만, 오히려 인정받기를 원했고, 소망의 인내로 경주하라 하셨지만 참지 못하고 방황했고, 나그네와 행인의 길을 가라 하셨지만, 안주자安住者로 살려고 하였습니다.

주님은,
고난과 고통은 믿음으로 이기라고 하셨지만, 오히려 이로 인하여 좌절과 절망으로 나아갔고, 선한 사마리아인이 되라 하셨지만, 제사장과 서기관이 되길 원했고, 범사에 감사하라 하셨지만, 감사보다는 불평과 불만이 더 많았고, 쉬지 말고 기도하라 하셨지만, 오히려 기도를 쉬는 죄 더 많이 범했습니다.

또 한 해를 보내고 맞이해야 하면서, 난, 또 이러한 후회를 했고…. 라고 내년에는 적지 말아야 할 텐데….

주님,
연약한 저의 모습에 좌절과 절망이 아니라, 이제 주님으로 인하여, 주님 한 분만으로 인하여,
기뻐하며,
감사하며,
섬기며,
버리고,
낮아지는 인생이 되게 하소서. 아멘

휴거携擧

92년 10월 28일 자정
온 세상을 떠들썩하게 하고
어떤 이는 집을 팔고
어떤 이는 가정을 버리고
어떤 이는 직장을, 학업을….

막내딸 지은이는
휴거携擧 얘기가 무엇인지
잘 이해되지 않는 듯
제 엄마에게 묻는다.
설명을 들은 아이는
아빠하고 엄마하고 휴거하면
언니와 나는 어쩌느냐며 걱정이다.

예수님만 믿으면
같이 갈 수 있다고 하자
예수님을 믿고 있다는 것이다.
아마
이제 좀 안심인가 보다.
29일 아침에

간다더니 왜 안 가느냐고
또 질문이다.
휴거가 될 날이 아니라고 하자
어제는 왜 그런 말을 했느냐는 투다.

종말론終末論이 얼마 동안
세상을 어지럽게 하였다.
순진한 막내딸, 지은이를 보며
믿음은 순진하여야 하지만
순진한 믿음을 현혹하는
사탄의 무리도 있다.

그날과 그 시는
아무도 알지 못한다.
깨어서 기다리는 자에게는
그날이 도적같이 오지는
못할 것이다.

영혼을 위한 기도 1

하나님 아버지!
갓난아이와 같이
순결한 영혼을 가지게 하소서
아직
탯줄도 끊지 않은
영아와 같이
정결한 영혼이 되게 하소서

죄악에 찌들고
인생살이로 찌들고
욕심으로 찌들고
온갖 잡동사니로
뒤엉켜진 영혼
더럽고 지저분한 영혼을
순결하고 정결하게 하소서

갓난아이와 같이
탯줄도 끊지 않은 갓난아이와 같이

주 찬양

아담과 하와의 범죄로 인하여
죽었던 우리를
예수 그리스도의 십자가 보혈로
구속하셨네!

나는 공로功勞없으나
값없이 의롭다 인쳐 주시고
아빠 아버지라고 부르는 특권 주셨네.

바람에 요동하는 돛단배처럼
유리하는 우리를
주님이 이 배의 선장이 되셔서 인도하시네.

나는 공로 없으나
한없는 주님의 사랑 힘입어
당당히 이 세파世波를 헤치고 가게 하셨네.

오! 나의 주님
주의 사랑 찬양합니다.
오! 나의 주님
주의 인도 감사합니다.

주님 만났네!

태초에 말씀이 계시니
이 말씀이 육신이 되셔서
세상에 오셨네!

나 그 주님 만났네. 갈릴리호숫가에서
나 그 주님 만났네. 골고다 언덕 위에서
나 그 주님 만났네. 엠마오 가는 길에서
나 그 주님 만났네. 험한 세상길 가면서
나 그 주님 만났네. 실패와 좌절당할 때

주님은 나를 사랑하시며
피 묻은 손으로
나의 등을 두드리시네
"나는 너를 사랑하노라"라고

나의 위로자

나의 생명 되시며
나의 인도자 되신 주
주의 은혜 크셔서
말로 다 할 수 없네

기쁠 때 찬양되시며
슬플 때 위로자 되신 주
오 거룩하신 주님
나 주께 감사드리네

고난과 시련이
나를 에워싼다 해도
우리 주님 위로자 되시며
환난患難과 곤고困苦가
나를 짓누른다 해도
우리 주사랑 나를 감싸네

오 주님 나의 위로자시여
오 주님 나의 사랑이시여

무척산 기도원

교회의 정직원들이 모두 함께 신년 기도회로 무척산 기도원에 갔습니다. 기도원은 김해 생림면 생철리에 있습니다. 그런데 기도원은 무척산 정상에 있어서 가파른 산길을 한 시간여 이상 올라가야 합니다. 보통 기도원은 차를 타고 갈 수 있는데 무척산 기도원은 차가 올라갈 수 없습니다.

기도원이 이렇게 산 정상에 있는 것은 일제에 의한 신사참배의 강요에 대하여 신앙의 정절을 지키기 위하여 예배의 처소로 이용하면서 형성된 것으로 보입니다. 그리고 이 기도원을 보면서 로마 시대의 카타콤을 생각하게 합니다.

그런데 헐떡거리는 숨을 몰아쉬며 쿵 깡그리는 가슴을 손으로 잡으며 오르는 정상에는 별천지가 우리의 눈앞에 열리게 됩니다. 아담한 교회의 십자가가 구름을 잡고 있고, 정상에 있는 호수는 천지연과도 같이 얼음 구슬을 머금고, 따사로운 햇볕에 졸고 있습니다. 이러한 정경을 대하노라면 황금 보석으로 꾸민 천국을 고대하게 합니다.

기도원이 높은 데 있음은 주님을 만남은 성도들의 기쁨이지만 이 만남을 위해서는 수고가 있어야 함을 알게 합니다.

기도원이 높은 데 있음은 세상사에서도 괴로움과 시련의 오르막이 있는 것처럼 평안함과 안식의 내리막도 있으며, 또한 세상에 부귀와 명성을 얻는 데는 오르막처럼 힘들지만, 이것들을 일시에 사라지게 하는 내리막이 있음을 가르쳐 줍니다.

무척산 기도원은 성도가 살아가는 목적이 무엇인지를 깨닫게 합니다. 부귀와 명예의 오르막은 내리막을 만날 수 있다고 하더라도 신앙의 오르막길은 내리막이 있어서는 안 됨을 가르쳐 줍니다. 그래서 무척산 기도원은 우리를 인내케 하며 우리를 겸손하게 만드는 참 성도로 나아가도록 하는 훈련장인 것 같습니다.

겨울비

겨울 가뭄이 계속되고 있는데
오늘은 겨울비가 내렸습니다.
빗방울을 맞을 때는 차갑지만
마음은 상쾌합니다.

반가운 빗소리는
내 귀에 음악으로 들려오며
대지를 촉촉이 적셔 줌으로
만물에는 활력을 공급함일까요?

이처럼 반가운 비가
만물을 소생시키는 것이라면
주의 성령聖靈은
우리의 영혼을 촉촉이 적셔 주는 단비입니다.

하나님께서 공급해 주시는 성령
내 마음에 충만하여
나의 영혼에
평안한 안식과 쉼을 얻게 합니다.

기도祈禱 1

지난밤에는 겨울비가 내렸는데
새벽에 그쳤나 봅니다.
겨울비는 추위를 몰고 온다고들 하는데
이번 겨울비는
따뜻함을 몰고 온 것 같습니다.
새벽기도 가면서 마시는 공기는
지난밤 비로 인하여 대기가 정화되어
나의 폐부肺腑깊숙이
신선한 공기를 빨아들일 때
정말 깨끗하고 상쾌했습니다.

기도는 성도의 호흡입니다.
비 온 뒤에 마시는
깨끗하고 신선한 공기처럼
우리 영혼이 갈급한 심령이 되어
하나님께 기도할 때
우리는 신선하고 깨끗한 공기를
하나님으로부터 공급받게 됩니다.

하나님!

하나님의 소원대로 살게 하시고
어그러지고 거스르는 세대에
흠 없이 순전한 자녀로 살게 하시고
하나님께서 공급해 주시는
생명의 빛의 반사 자가 되게 하소서.

기도祈禱 2

주님께서 세상에 계실 때
한 번도
주님의 의를 위하여 구하지 않으시고
심지어 십자가의 고통이 다가옴에도
겟세마네 동산에서 피와 땀을 흘리시며
기도하셨지만
"아버지의 뜻대로 하옵소서"라고 하셨습니다.

그런데 우리의 기도는
너무나 하나님께 달라는 기도며
우리의 간구는
우리의 유익만을
구하고 있는 것을 발견합니다.

하나님!
나의 기도가
나의 유익을 먼저 구하지 않게 하시고
주님이 하신 것처럼
이웃을 위한 도고禱告의 기도가 되게 하소서.

감사

옥중의 바울 사도가
데살로니가 교회를 향하여
범사에 감사하라 하셨습니다(살전 5:18).

하박국 선지자는
무화과나무가 무성치 못하며
포도나무에 열매가 없으며
감람나무에 소출이 없으며
밭에 식물이 없으며
우리에 양이 없으며
외양간에 소가 없을지라도
여호와로 인하여 즐거워하고
구원의 하나님으로 인하여
기뻐한다고 하셨습니다(합 3:17-18).

우리는 세상을 살면서
나의 유익이 될 때는 감사할 줄 압니다.
자녀를 주셔서,
좋은 직장을 주셔서,
돈벌이가 잘되어서,

....

그러나 우리들은
병이 들어서,
사업이 망해서,
시험에 낙방 되어서,
....
이때는 감사보다는 원망이 나옵니다.

세상 사람들이 흔히 잘되면 제 탓이고
못되면 조상 탓이라는 말을 하고 있습니다.
세상 사람들도 일이 잘되면
자기에게든 어디 누구에게든
감사할 줄 압니다.

세상 사람의 감사와
믿음을 가진 성도의 감사가
어찌 같아야 하겠습니까?
잘될 때의 감사는 누구나 할 수 있습니다.

주님!
바울처럼
범사에 감사하게 하시고,
하박국 선지자처럼
부귀영화가 나에게 없다고 하더라도

구원의 하나님으로 인하여
범사에 기뻐하며 감사하게 하소서.

인생의 겨울

우리가 다 아는바
겨울은 춥고 황량한 계절입니다.
그래서
겨울을 인생에 비교하여
마지막을 의미하기도 합니다.

꽃이 피는 봄과 같은 유소년기가 있고
신록의 계절인 여름과 같은 청년기가 있으며
결실의 계절 가을과 같은 장년기가 있고
그 뒤에 겨울이 뒤따라옵니다.
이처럼
만사가 다
봄이고 여름일수는 없는 것이
자연의 이치입니다.

바울 사도는 로마 옥중에서
겨울 준비를 하고 있었습니다.
믿음의 아들 디모데에게
드로아 가보의 집에 둔 겉옷을 가져오고
특별히 가죽에 쓴

성경을 가져오라고 하였습니다.
그리고 다급하게
너는 겨울이 오기 전에
속히 오라고 합니다(딤후 4:13, 21).

우리 인생에도 언제나
봄과 여름만이 있을 수 없습니다.
인생의 겨울은 때로는 환난患難과 곤고困苦,
실패失敗와 절망絶望으로 찾아오기도 합니다.
그러나 더 중요하고 어쩔 수 없는 겨울은
인간은 모두 죽음에 직면한다는 점입니다.

이러한 인생의 겨울이 오기 전에
우리는 우리의 삶을 돌아보고
겨울 채비를 하여야 할 것입니다.

주여!
인생의 겨울이 오기 전에
더욱더 주를 섬기게 하소서.
저의 모든 삶 속에서
인생의 겨울은
반드시 온다는 것을
항상 깨닫게 하소서.

거울

거울은 우리의 모습을
비춰 주는 물건입니다.
사람들은 매일 한 번 정도는
거울 앞에 서서
자기의 모습을 볼 것입니다.

거울 속에 비친 자기의 모습을 보며
내가 너무 늙었다느니
주름이 많이 생겼다느니
눈이 처져 내려온다느니 하며
한숨을 쉬는 모습을
쉽게 대할 수 있습니다.

그런데 거울을 볼 때마다
겉의 자기 모습은 보지만
속은 보지 않는 것 같습니다.

어린 시절 여름 성경 학교 때 노래 중에
냇가에 가서 때만 씻지 말고
마음도 씻어야 한다는

가사가 문득 생각납니다.

거울을 볼 때마다
내 마음속의 모습은 어떠한지
날마다 점검해 보는 것이
외모를 보는 것보다
더 중요함을 생각하게 합니다.

성도들은
남이 보는 외적인 일에 대해서는
매우 잘하려 합니다.
성경은 외식하는 자가 되지 말라고
엄명하고 있지만
우리는 언제나 외식하는 자의 모습으로
항상 남 앞에 서고 있습니다.

성도는
외적 생활보다는
내면생활內面生活이
더 질서가 잡혀야 하며
또한 살아서 활동적이어야 합니다.
언제나 거울을 볼 때마다
내적 심령은 어떠한지
점검해 보아야 합니다.

주여!
저가 거울 앞에 설 때마다
내면생활이 정결한지
영혼이 주를 갈망하고 있는지
점검하게 하소서.
거울 앞에 설 때마다
코람 데오(Coram Deo)의 삶을
깨닫게 하소서.

껍데기

새벽 4시 40분 알람이 울린다.
벌떡 일어나 세면하고 옷을 입고
여느 때처럼 성경과 찬송가를 끼고 교회로 간다.

목사님 설교 말씀을 듣는다.
그리고 기도 시간이다.

늘 해왔던 방식대로,
거의 똑같은 제목으로 기도한다.
그리고 일어나 온다.
오늘도 기도로 시작했구나.

그런데 마음 한 가운데는 무거움이,
나의 신앙이 과연 바른 것인가?
종교에 매인 그리스도인이 아닌가?
종교에 매이지 않은 실질과 내용이 있는
신앙인이 아니라, 그냥 그렇게
똑같은 방식으로 오늘 하루도 그렇게
이것은 분명 문제가 아닐까?
기도가 하늘에 닿는 것이 아니라

공기만 진동시키고 가는 것이 아닐까?

Coram Deo라 하지만 형식만 살아있고
실질과 내용은 사라져 버린
화석화된 신앙생활을 하고 있는지

어떻게 해야 할까?
무엇을 해야 할까?

오늘 새벽 기도회를 다녀오면서
반성과 자조가 곁들인 내 모습에
신앙의 진보와 기도의 실질을 회복하는
시간이 분명 나에게 필요하다. 정말로

한 잔의 커피와 부스러기 은혜

미각이 뛰어나지 않아서 그런가?
이런저런 내려 먹는 커피 내려 봤지만
그리 신통치 않아
그냥 일상의 커피믹스로
하루에 딱 한 잔만 마신다.
정말 특별한 일 아니면

어제는 고향에서 매실 따고
들깨 모종 옮기고
너무 바빠 한 잔의 커피를 못 마셨다.

오후 늦게 집으로 돌아와
한 잔의 커피를 비록 돈으로 계산하면
100원에 지나지 않지만
조금씩 호호 불어 마시며,
작은 행복을 느꼈다.

오늘 하루도, 큰 것 바라기보다도
무익한 종에게 한 줄의 부스러기 은혜라도

일상日常이 아름다운 것을

매일 문안 인사를 올리며
엄마 "밥 드셨어요"라고
엄마도 항상 "저녁 먹었나"라고

이것은 아주 일상적인 것이지만
만약 우리가 밥을 먹을 수 없다면
건강이 여의찮아 그런 상황이라면
이런 인사말은 절체절명의 순간이겠지.

우리는 일용할 양식을 위하여
주님 가르치신 기도를 한다.

매일의 일상이 지겨운 것 같지만
아무 일 없이 일상을 산다는 것은
참으로 감사하고 은혜로운 것임을

그래서 우리는 이렇게 기도하나 보다.
코로나로부터 일상을 회복게 해 달라고

막 쪄낸 찐빵

"막 쪄낸 찐빵"은 책의 제목인 동시에, 내용상으로 보면 한 성도가 자신이 예수님을 믿으면서 붙인 이름입니다.

그렇습니다!
교인들이 신앙경력을 내세우며 초신자들 앞에서 거들먹거리는 일들이 있습니다. 나 자신부터가 그렇습니다.

교회학교 다닐 때의 경력을 말하면서 막 쪄낸 찐빵들에게… 특히 이러한 신앙의 기회를 갖지 않은 찐빵들 앞에서 과거의 경력들을 자랑하곤 합니다.

그러나 하나님 앞에서의 신앙은 과거의 공치사로서는 어린 반 푼어치도 없습니다. 지금 나의 신앙이 어떠한지가 최고 중요합니다.

그러고 보면 지금 막 주님을 영접한 성도들보다 오랫동안 신앙생활 한 신자들이 더욱더 위선자들이며 주님 앞에서 볼품없는 신자들일는지 모를 일입니다.

아! 하나님

저도 막 쪄낸 찐빵처럼
순결하고 순수한
신앙인이 되게 하소서.

말라비틀어진 찐빵으로
그리스도의 참 향기를
잃어버린 자가 아니라
부드러운 맛으로
모든 사람에게
막 쪄낸 찐빵으로
참 맛을 내는 자가 되게 하소서.

둔한 마음에 예민함을

솔바람 속에서
길가에 핀 제비꽃 속에서
먼 곳에서 들려오는 닭 우는 소리 속에서
그리고
시냇가에 피어있는 버들가지의 모습 속에서
날 사랑하는 주님 음성을 듣고
나와 함께 하는 주님의 뜻을 발견해야 할
예민한 마음을 가져야 함에도
마음은 제자들처럼 무디어져

방금
5병餠 2어魚의 하늘 잔치를 베푸셨던
주님과 함께하였음에도
밤 사경
풍랑 이는 바다에 괴로이 노 젓는 제자들
바다 위를 걸어오시는 주님보고
유령으로 알고 무서워하듯

주님을 향한 마음이 둔하여 짐에
주님 앞에서 용서를 구합니다.

예민함을, 민감함을,
초심을 회복하는 하루가 되기를
나와 같이 하는 가족과
나와 함께 하는 성도들과

형통亨通이란?

잘 먹고 잘사는 것,
가화만사성家和萬事成 ….
가지고 싶은 것은 모두 가지고
누리고 싶은 것은 모두 누리는 것
그래서 잘 되는 것이 형통亨通 일까?

막힘이 없고
고난과 고통이 접근도 할 수 없는
그런 삶을 말하는 것일까?

부자 되세요.
대박 나세요.
그러면 형통한 것일까?

형통은 우리가 진정 가야 할 그 길,
그 길 위에 서 있는 것이 형통이다.
따라서 누리지 못해도, 가지지 못해도
때로는 고난과 고통이 따르더라도

만약 그대가 그 길 위에 서 있다면,

그대는 형통한 사람입니다.

If you are on that road,
you are a prosperous person.

주여, 가을이 왔습니다.

지루한 장마, 내리쬐는 폭양,
그리고 가끔 태풍도 우리 곁에 왔지만,
이제 가을이 왔나 봅니다.

하늘은 더 푸르고 높아졌으며
우리네 마음도 이제 저 높은
공중에 메달 수 있게 됐나 봅니다.

아등바등 우리네 삶의 질곡을 내려놓고
이제 결실의 가을을 따라
가을 길 걸으며
당신이 베푸신 은혜를 생각합니다.

어제나 오늘이나 영원토록 함께하는
당신 앞에 무릎을 꿇고서
당신의 위대하심을 찬양하렵니다.

"그래도", "그렇더라도"의 우리 삶에
당신께 감사할 수 있는 마음을 주신
이 가을 아침, 당신 앞에서….

에필로그

책을 낼 생각은 전혀 없었다. 이 글을 그냥 블로그에 공유하여 이웃들과 함께하고 싶은 마음이었다. 그런데 갑자기 블로그 한 이웃이신 미디어엘 김완년 대표께서 평소 가지고 계시던 소질을 발휘하여 멋지게 책 모양으로 편집까지 해 주셨으니, 언감생심 결국 출판을 고민하게 되었다. 그 후로도 많이 망설였는데, 여주에 사는 친구의 소개로 "엘맨"을 알게 되었고, 급기야 출판에까지 이르게 되었다.

2023년 10월 10일은 큰딸이 우리와 이별을 한 지 1년이 되는 날이다. 며칠 전 아이가 있는 하늘공원으로 찾아가 아내와 함께 잠깐의 시간을 보내고 돌아왔는데, 1년이라는 시간이 빠르면 빠르고 또 길다면 매우 긴 시간이었던 것 같다.

너무나 조용히 우리 곁을 떠나 저 멀리 하늘로 훨훨 날아가 별이 된 큰딸, 1년 동안 흘린 눈물이 많은데, 이제는 눈물이 마를까? 다시 또 1년이 지나가겠지만, 그럼에도 눈물 한 방울은 영원히 마르지 않을 것만 같다.

"이 가을 찬란하면서도 슬픈 계절을 만들고 간 큰딸 성은이…."
여기 글을 통하여 "사랑하고 또 사랑한다. 우리 다시 만날 그날을 기다리며, 엄마와 아빠는 또 하루하루를 사랑하며 살아가고자 한다."라는 그 마음을 담아, 글로써나마 아이와 함께하고픈 마음에 그동안의 작은 삶의 여정을 담았다.

찬란하고도 슬픈 가을을 맞으며

가을은 참 좋은 계절이다.
여름처럼 폭양에 힘겨워하지 않을 수 있고
각종 실과며 곡식이 영글어 가는,
그 결실의 무한 기쁨도 맛볼 수 있는

그런데 이 가을, 그렇게도 좋은 계절이건만
아직은 나의 마음 한구석에는 슬픔이 있으니
10월 10일, 오늘은 사랑하는 딸을 떠나보낸
이제 1주기가 되는 날이다.

산마다 계곡마다 울긋불긋 단풍이 들고
산허리를 도는 안개 사이로 가을바람 따라
가을꽃 하나둘 피어나는 길섶에 서면
찬란한 아름다움을 한껏 느낄 수 있으련만

그 꽃 속에서도, 안개 속에서도
자꾸만 그리운 얼굴이 떠오르니
가을은 내겐, 찬란한 슬픔의 계절일 수밖에

모두가 잠든 이 새벽, 나만 홀로
고향 집 옥상에서 찬 이슬 맞으며
하늘을 바라다본다. 별을 찾아서